JN049839

NHK出版

音声DL BOOK

これからはじめる

ドイツ語入門

高橋 亮介
Takahashi Ryosuke

NHK出版

はじめに

こんにちは。この本は、初めてドイツ語を学ぼうと思っている方や、いちど勉強したけれどだいぶ忘れてしまったので触れ直してみたいという方、ひととおりのことはなぞったものの改めて全体像をおさらいしておきたいという方を、主な読み手としています。

ドイツ語。そういう名前の言語があることはわりと知られているだろうと思います。また、ドイツ語圏からイメージされる点はいろいろありますし(音楽、童話、料理、お城や教会、法律、化学、医学、環境政策、サッカーなどなど)、なんとなく親近感を覚えるという方もいらっしゃるのではないでしょうか。でも、具体的にどんな性格の言語なのか、となると、なかなかピンとこないかもしれません。その点を意識した上で、この本では、ドイツ語のおおよその輪郭をつかんでいただくことを目指しています。

ついでに言うと、私はかつて予備知識がほとんどないまま、ドイツ語だらけの空間に放り込まれた経験があります。衝撃でした。耳に飛び込んでくる音にしろ、目にする文字にしろ、何が何だかさっぱり分かりません。とりあえず、こまごまとしたことから押さえていくと、次第に「なるほど。こういう場合には、こうなっているのか」といった流れや、「ははあ。あれとこれとは、こういう風につながっているのか」といった結びつきが見えてきます。流れや結びつきが見えてくると、やがて、おぼろげながらも全体像が浮かんでくるようになります。そういった、少しずつ展望をつかんでいく過程のようなものも、この本でお伝えできればと願っています。

ところで、ちょっとした考えから、この本にはある要素を盛り込んであります。私は主に大学でドイツ語の授業を担当しています。授業中、私はときどき、その場の思いつきで小話をさしはさみます。別に、自分がおしゃべりしたくて無理やり脱線しているわけではありません。理屈の上では、そのつど覚えるべきポイントだけを手際よく取り上げるのが効率的なのでしょうが、現実には、ポイント提示に徹しているうちに教室中の空気がどんどん重くなり、ぜんぜん吸収してもらえていないような気がしてくるのです。しかも、わき道にそれて話をしたときのほうがかえって、「あのときのポイントは印象に残った」と言ってもらえることがあります。そうした経験を踏まえ、この本ではところどころ雑談を織り交ぜてみました。「覚えることが多くて疲れるなあ」と思ったとき、ちょっとした息抜き用にお役立ていただければ幸いです。

最後に、この本の制作にあたっては、NHK出版編集部の皆様をはじめ、多くの方々のお世話になりました。心よりお礼を申し上げます。

それでは、謎のベールに包まれた（？）ドイツ語の世界を少しずつ見ていきましょう。

高橋 亮介

目次

この本の使い方

この本は20課から構成されています。原則としてどの課も、ひとまとまりの文法的なテーマを扱っています。また、各課は特定のセットメニューから成っています。その内訳は、先頭から順に以下のとおりです。

これを学ぼう!

その課で身につける主な項目を2点に分けています。ニュース番組の冒頭に出てくるヘッドラインみたいなものです。「要するに、この課のテーマは何?」と知りたくなったとき、参照してみてください。

どんなやり取り?

短めの会話です。その課で扱う文法的なテーマを使った表現がいくつか含まれています。和訳や語注と見比べながら、やり取りを追ってみてください。

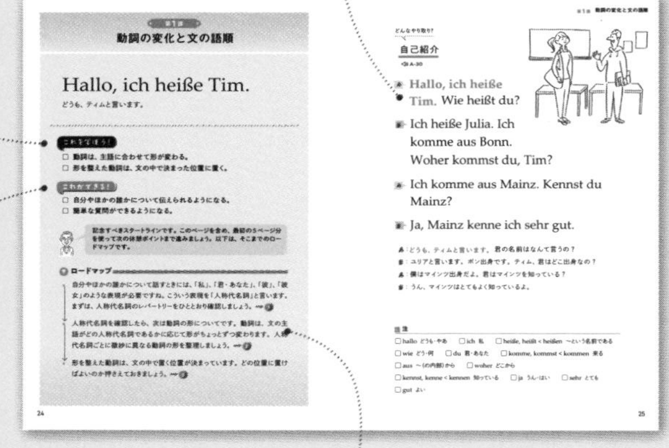

動詞の変化と文の語順

Hallo, ich heiße Tim.

どうも、ティムと言います。

これを学ぼう!

□ 動詞は、主語に合わせて形が変わる。
□ 形を整えた動詞は、文の中で決まった位置に置く。

これができる!

□ 自分やほかの誰かについて伝えられるようになる。
□ 簡単な質問ができるようになる。

記念すべきスタートラインです。このページを含め、最初の5ページ分を使って次の休憩ポイントまで進みましょう。以下は、そこまでのロードマップです。

ロードマップ

自分やほかの誰かについて話すときには、「私」、「君・あなた」、「彼」、「彼女」のような表現が必要ですね。こういう表現を「人称代名詞」と言います。まずは、人称代名詞のレパートリーをひととおり確認しましょう。

人称代名詞を確認したら、次は動詞の形についてです。動詞は、文の主語がどの人称代名詞であるかに応じて形がちょっとずつ変わります。人称代名詞ごとに微妙に異なる動詞の形を整理しましょう。

形を整えた動詞は、文の中で置く位置が決まっています。どの位置に置けばよいのか押さえておきましょう。

24

どんなやり取り?

自己紹介

A-30

Hallo, ich heiße Tim. Wie heißt du?

Ich heiße Julia. Ich komme aus Bonn. Woher kommst du, Tim?

Ich komme aus Mainz. Kennst du Mainz?

Ja, Mainz kenne ich sehr gut.

A：どうも、ティムと言います。君の名前はなんて言うの?
B：ユリアと言います。ボン出身です。ティム、君はどこ出身なの?
A：僕はマインツ出身だよ。君はマインツを知っている?
B：うん、マインツはとてもよく知っているよ。

語注

□hallo どうも・やあ　□ich 私　□heiße, heißt < heißen ～という名前である
□wie どう・何　□du 君・あなた　□komme, kommst < kommen 来る
□aus ～(の内部)から　□woher どこから
□kennst, kenne < kennen 知っている　□ja うん・はい　□sehr とても
□gut よい

25

これができる!

文字どおり、その課の項目を身につけるとできるようになることを2例挙げています。「なんでこんなことを覚えるんだろう?」とふと疑問に思ったときは、ここを(再)確認してください。

ロードマップ

その課で扱うポイント❶～❸を順序だてて追っていただけるよう、あらすじ仕立てで話の流れを整理しています。ハイキングコースのロードマップみたいなものです。

なお、第1課の手前では、アルファベット・発音について取り上げています。また、第20課の後ろでは文の骨組み、基本語順や語彙的な知識に関して補足しています。各種の文法的なテーマは別にして、「この語はどう発音するのだろう?」、「条件の違いによって、文の骨組みはどう変わるのだろう?」、「どうしてこういう語順なんだろう?」などといった点を詳しく知りたい場合は、該当する解説を参照してください。

この課のポイント

その課で扱う文法的なテーマを3つのポイントに分けて紹介しています。なお、各ポイントの補足的な内容はTippsにまとめてあります。ページ順にチェックしていきましょう。

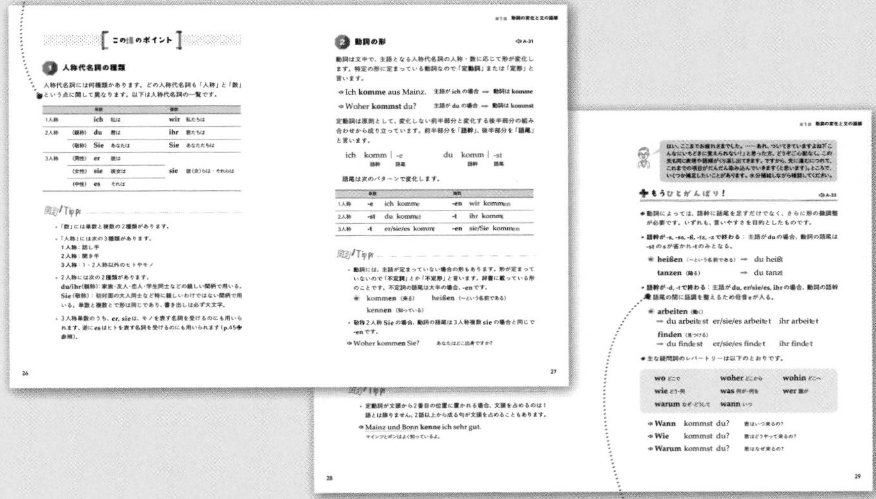

もうひとがんばり！

発展的な項目を取り上げています。3つのポイントを確認したあと、ひと息ついてから目を通してみてください。

練習問題に挑戦しよう

いろいろなパターンの問題を解きながら、その課のポイントを身につけていきましょう。どの課も最終問題は、解答を音声で聞くことができます。聞き取りの練習にもお使いください。

練習問題に挑戦しよう

1 カッコ内の動詞を適切な形に変えてください。

(1) Ich ________ (wohnen) hier. 私はここに住んでいます。
(2) Wir ________ (lernen) Spanisch. 私たちはスペイン語を習います。
(3) ________ (schwimmen) du heute? 君は今日泳ぐの？
(4) Warum ________ (weinen) sie? 彼らはなぜ泣いているの？
(5) Er ________ (tanzen) gern. Ich ________ (tanzen) auch gern. 彼は踊るのが好きです。私も踊るのが好きです。
(6) Ich ________ (reisen) oft. ________ (reisen) du auch oft? 私はよく旅行します。君もよく旅行するの？

2 以下の文を、指定された主語に合わせて書き換えてください。

(1) Wir kochen gerade. 私たちはちょうど今、料理をしています。
ich: ________
(2) Sicher liebt er Fußball. きっと彼はサッカーが大好きですよね。
ihr: ________
(3) Wo sitzen Sie? あなたはどこに座っているのですか？
du: ________

3 [ ]内の指示にしたがって、以下の文を書き換えてください。

(1) Ich arbeite jetzt. 私は今、働いている。 [jetztを文頭に]
(2) Hans spielt allein. ハンスはひとりで遊ぶ。 [決定疑問文に]
(3) Er kommt morgen. 彼は明日来る。 [下線部が答えとなる疑問文に]

4 与えられた語句を適切な形に変え、並び換えることにより、ドイツ語文を完成させてください。

(1) er / singen / immer 彼はいつも歌っている。
(2) sie / spielen / Tennis 彼女はテニスをしますか？
(3) ich / backen / Kuchen 明日私はケーキを焼きます。
Morgen ________
(4) du / arbeiten / wo / jetzt 君は今、どこで働いているの？

【緊急企画】我的「この本と付録音源を使ったドイツ語攻略法」

ひとくちに「ドイツ語を身につける」といっても、実際には、同時にやるべきことがいろいろあります。ごちゃごちゃに絡み合った全体像をいくつかの側面別に解きほぐして整理してみると、やはり次の３点を押さえておく必要があるだろうと思います。

（１）発音　　（２）語彙　　（３）文法

この３点を効率的に身につけるためのヒントを順に挙げてみます。以下は、私が目下、ある言語を独学だけでマスターしようという長期計画のもと実践し続けている方法です（どの言語を勉強しているのかはナイショ）。

(1) 発音

文字と音の結びつきは、なかなか覚えづらいものです。はっきり言って、私は昔から苦手です。それでも、てっとり早く覚えるには、やはり文字に目を通すときに音を予想してつぶやいてみることが大切だと思います（電車に乗っているときなどは、頭の中だけでつぶやきましょう）。いわば暗号解読の要領です。あとで音源を聴き、「よし、合ってた！」、「しまった、また引っかかった！（誰も引っかけてないけど）」という一喜一憂をくり返しているうちに、予想の精度は確実に上がっていきます。

逆に、本を開きづらいときは、無理せず音源だけを聴き、語ごとにそのつづりを予想してみます。あとで本を開き、「よし、合ってた！」、「しまった、また引っかかった！」……、以下同じ。というわけで、文字から音へ、音から文字へ、の往復運動はなかなか効果的です。それに、本を開くか音源を聴くかのどちらかだけ、というのも、手間が少なく気分的に楽だったりします。

(2) 語彙

膨大な数の語句を覚えていくのは大変な作業ですね。これも、はっきり言って私は昔から苦手です。

ところが一時期、学習書を開く時間が確保しづらいまま、ひとまず付録音源だけを聴き続けているうちに、あることに気がつきました。羅列されているだけの語句や単文は、何度聴き返してもなかなか意味が思い出せません。一方、会話中の文やそれに含まれる語句のひとつひとつは、割とよく頭に染み込んでくるのです。理屈は簡単でした。会話の内容は覚えやすいものです。いったん内容を押さえた上で音源を聴くと、どの文がどういうセリフなのかすでにわかっているので、意味と語句の結びつきがはっきりしやすい、というわけです。結局、語句の意味は生き生きとしたやり取りの中でこそ印象に残りやすいのだろうと思います。ぜひ参考にしてみてください。

(3) 文法

文法……。図表とか公式とか、抽象的な約束事が多くて、なかなかすんなり頭に入ってきませんね。私は昔から大の苦手です(って、こればっかり)。

こんなとき役に立つのはやはり、さまざまなパターンの練習問題でしょう。解いては間違え、また解いては間違え、をくり返しているうちに、失敗回数は徐々に減っていき、気がつけば代名詞のレパートリーや動詞の変化が定着していたりして。ついでに言えば、必ずしも即席で図表や公式を暗記してから問題を解かなくてもいいと思います。だって、必死に覚え込んだ直後なら解けて当たり前。でも、あまり印象には残りません。むしろ、ざっと解説に目を通してから問題に挑戦し、「あれ、分からないぞ」という壁にぶつかってから解説に戻ったほうが、結果的に定着しやすいなと思うことがよくあります。

あとは、やはり文字・音声で用意された例文をくり返し確認するのがおすすめです。文法的なテーマごとに用意されたいくつかの例文に接しているうちに、共通する大枠がつかめてくるはずです。その大枠こそ、図表・公式として抽出されているものにほかなりません。具体例と図表・公式とを行きつ戻りつしているうちに、少しずつ印象と記憶が強化されていくだろうと思います。焦らず、味わうようにして、個々の例文に親しんでみてください。

以上、学習上のヒントについてでした。ちなみに、私の〇〇語独学歴はまだまだごく浅いものに過ぎません。みなさんと競争ですね。お互い頑張りましょう!

音声ダウンロードについて

本書で🔊マークがついているドイツ語の音声をNHK出版サイトからダウンロード できます。

まずはこちらへアクセス!

https://nhktext.jp/db-german

NHK出版サイトで該当書名を検索して探すこともできます。

本書音声のパスコード aimg455n

- スマホやタブレットからは、NHK出版が提供する無料の音声再生アプリ「語学プレーヤー」でご利用ください。
- パソコンからは、mp3 形式の音声ファイルがダウンロードできます。
- 複数の端末にダウンロードしてご利用いただけます。

◆ NHK出版サイトの会員登録が必要です。詳しいご利用方法やご利用規約は上記Webサイトをご覧ください。

◆ ご提供方法やサービス内容、ご利用可能期間は変更する場合があります。あらかじめご了承ください。

お問い合わせ窓口

NHK出版 デジタルサポートセンター

Tel. 0570-008-559 (直通: 03-3534-2356)

受付時間 10:00-17:30 (年末年始・小社指定日を除く)

ダウンロードやアプリのご利用方法など、購入後のお取り扱いに関するサポートを承ります。

アルフファベット・発音

A-02

アルファベット

A	a	アー
B	b	ベー
C	c	ツェー
D	d	デー
E	e	エー
F	f	エフ
G	g	ゲー
H	h	ハー
I	i	イー
J	j	ヨット
K	k	カー
L	l	エル
M	m	エム
N	n	エヌ
O	o	オー

P	p	ペー
Q	q	クー
R	r	エアル
S	s	エス
T	t	テー
U	u	ウー
V	v	ファオ
W	w	ヴェー
X	x	イクス
Y	y	ユプスィロン
Z	z	ツェット
Ä	ä	アーウムラオト
Ö	ö	オーウムラオト
Ü	ü	ウーウムラオト
ß	ß	エスツェット

練習問題

以下の語をドイツ語で読み上げてください。

PC　DVD　USB　WHO　pH

発音

発音に関しては、全般的に当てはまる原則がいくつかあります。 A-03

1. ローマ字式に読むことが多い。

「ローマ字式」といっても何のことだか分からないかもしれません。おおざっぱに言うと、ローマ字で書かれた日本人の名前のように読み上げてみてください、ということです。**KIMURA**は「キムラ」、**ERIKO**は「エリコ」ですね。そのような読み方が通用しやすい言語だということです。

danke ありがとう
ダンケ

Ente かも
エンテ

Konto 口座
コント

2. アクセントは基本的に最初の母音に置かれる。

はじめに出てくる**a**, **i**, **u**, **e**, **o** などの音を強く発音します。ただ、外来語の場合など、例外もあります。

denken 考える
デンケン

Tante おば
タンテ

Messer ナイフ
メッサー

3. アクセントのある母音は、後ろの子音字が1つならば長く発音し、後ろの子音字が2つ以上ならば短く発音する。

いわば、リズムを整えようとする工夫です。同じ間隔のすき間をどのくらいの数の音で埋めるかに応じて、母音の長さが変わります。

- 母音の後ろは子音字１つ

Gas ガス
ガース

Nudel 麺
ヌーデル

Ofen オーブン
オーフェン

- 母音の後ろは子音字２つ以上

Gast 客
ガスト

null ゼロ
ヌル

offen 開いている
オッフェン

A-04

母音の発音

母音は、おおむね文字の名称どおりに発音します。**a**なら「ア（ー）」、**e**なら「エ（ー）」といった具合です。次の表では、向かって左側が短く発音する場合の例、右側が長く発音する場合の例です。

a	[a] [aː]	Kasse カッセ	レジ	Name ナーメ	名前
e	[ɛ] [eː]	Bett ベット	ベッド	Regen レーゲン	雨
i	[ɪ] [iː]	Insel インゼル	島	Igel イーゲル	はりねずみ
o	[ɔ] [oː]	Post ポスト	郵便局	Brot ブロート	パン
u	[ʊ] [uː]	Mutter ムッター	母	Zug ツーク	列車
ä	[ɛ] [ɛː]	Bäcker ベッカー	パン職人	Säge ゼーゲ	のこぎり
ö	[œ] [øː]	Mönch メンヒ	修道士	Flöte フレーテ	フルート
ü	[ʏ] [yː]	Münze ミュンツェ	コイン	Tüte テューテ	袋

なお、**ä, ö, ü**は変音（ウムラオト）といって、次のように発音します。

- ä 口を開き気味にして「エ（ー）」と言う。
- ö「オ」の口の構えで「エ（ー）」と言う。
- ü「ウ」の口の構えで「イ（ー）」と言う。

チャレンジ 発音してみましょう。

Kälte 寒さ　Löffel スプーン　dünn 薄い

Käse チーズ　Öl 油　üben 練習する

アルファベット・発音

母音の発音に関する主な注意事項は以下のとおりです。

• 二重母音は、次のように発音します。 A-05

ai, ei	[aɪ]	Mai 5月 マイ	Ei 卵 アイ
au	[aʊ]	Auge 目 アオゲ	Baum 木 バオム
eu, äu	[ɔʏ]	Leute 人々 ロイテ	Gebäude 建物 ゲボイデ

チャレンジ 発音してみましょう。

Keim 芽 Frau 女性 neu 新しい

• 同じ母音が2つ続く場合は、その母音を長く発音します。 A-06

Saal ホール
ザール

Tee お茶
テー

Boot ボート
ボート

チャレンジ 発音してみましょう。

Aal うなぎ Moos こけ Klee クローバー

• 母音＋hの場合、その母音を長く発音し、hは発音しません。 A-07

Hahn にわとり
ハーン

Mehl 小麦粉
メール

Kuh 牛
クー

チャレンジ 発音してみましょう。

Fahne 旗 Kehle のど Bohne 豆

• ieとつづる場合、iを長く発音し、eは発音しません。 A-08

Fieber 熱
フィーバー

Brief 手紙
ブリーフ

チャレンジ 発音してみましょう。

Liebe 愛 Biene 蜂

• er とつづる場合、1音節（母音の数が1つ）の語ではエーア [eːr]、2音節以上（母音の数が2つ以上）の語では、アー [ər] と発音します。 A-09

wer 誰
ヴェーア

her こちらへ
ヘーア

Oper オペラ
オーパー

Fahrer 運転手
ファーラー

※ir, or, ur はそれぞれ、イーア [iːr]、オーア [oːr]、ウーア [uːr] と発音します。

dir 君に
ディーア

Tor 門
トーア

Dur 長調
ドゥーア

チャレンジ 発音してみましょう。

er 彼	schwer 難しい	Feder 羽毛
aber しかし	immer いつも	Keller 地下倉庫
mir（※） 私に	Autor（※） 作家	Natur（※） 自然

[（※）のついた語は、各ブロックの※の読み方に準じます。]

子音の発音

子音の発音に関する主な注意事項は以下のとおりです。

• b, d, g A-10

音節のはじめでは [b, d, g]（ブ・ドゥ・グ）と発音する（有声）

Bank 銀行
バンク

Dank 感謝
ダンク

Gans がちょう
ガンス

音節の終わりでは [p, t, k]（プ・トゥ・ク）と発音する（無声）

Lob 称賛
ロープ

Lied 歌
リート

Sieg 勝利
ジーク

チャレンジ 発音してみましょう。

bellen ほえる	Dame 淑女	Gabel フォーク
halb 半分	und そして	Tag 日
Leib 肉体	Krieg 戦争	bald まもなく
Bund 連邦	Geld お金	Dieb 泥棒

• **ch** 🔈 A-11

a, o, u, au に続く場合、のどの奥をこすらせて（息をハーと吐くときのように）[x] と発音する

Dach 屋根
ダッハ

Koch 料理人
コッホ

Tuch 布
トゥーフ

Bauch おなか
バオホ

そのほかの母音や子音に続く場合、日本語のヒの出だしのように [ç] と発音する

ich 私
イッヒ

Pech 不運
ペヒ

chs の組み合わせでクス [ks] と発音する

Fuchs きつね
フクス

wechseln 交換する
ヴェクセルン

※外来語ではク [k]、シュ [ʃ] と発音する場合がある

Charakter 性格
カラクター

Chef 上司
シェフ

チャレンジ 発音してみましょう。

Buch 本	Nacht 夜	Technik 技術
Milch 牛乳	reich 裕福な	Achse 軸
Tochter 娘	Gebrauch 使用	Becher コップ
Dachs あなぐま	Chor（※） 合唱団	Branche（※） 部門・業種

• **ig**（語末）[ɪç] **イヒと発音** 🔈 A-12

billig 安い
ビリヒ

günstig お手ごろな
ギュンスティヒ

チャレンジ 発音してみましょう。

König 国王　　Honig はちみつ

• j [j] ヤ・ユ・ヨのように発音する 🔈 A-13

ja はい・うん
ヤー

Joghurt ヨーグルト
ヨーグルト

Junge 少年
ユンゲ

チャレンジ 発音してみましょう。

Jacke ジャケット　Japan 日本　Juni 6月

• pf [pf] プフと発音 🔈 A-14

Pfand 保証金
プファント

Kopf 頭
コプフ

Apfel りんご
アプフェル

チャレンジ 発音してみましょう。

Pfeffer こしょう　Pfund ポンド

• ph [f] フと発音 🔈 A-15

Phase 段階
ファーゼ

Phänomen 現象
フェノメーン

Phonetik 音声学
フォネーティク

チャレンジ 発音してみましょう。

Phrase フレーズ　Philologie 文献学

• qu [kv] クヴと発音 🔈 A-16

Quadrat 正方形
クヴァドラート

Quelle 泉
クヴェレ

Quote 割合
クヴォーテ

チャレンジ 発音してみましょう。

Quittung 領収書　Qual 苦痛

• s（母音の手前）[z] ズと発音 🔈 A-17

Sahne クリーム
ザーネ

See 湖
ゼー

Sohn 息子
ゾーン

チャレンジ 発音してみましょう。

sagen 言う　Socken 靴下　Sonne 太陽

- **sch** [ʃ] シュと発音 A-18

Schach チェス
シャハ

schon すでに
ショーン

komisch こっけいな
コーミッシュ

Tisch テーブル
ティッシュ

チャレンジ 発音してみましょう。

Schloss 城　Schule 学校　Scheck 小切手
Asche 灰　Busch 茂み　tauschen 交換する

- **sp** [ʃp], **st** [ʃt] 語の出だしなど音節の始めでシュプ、シュトゥと発音 A-19

Spiel 遊び
シュピール

Speise 食べ物
シュパイゼ

sprechen 話す
シュプレッヒエン

Stern 星
シュテルン

Straße 通り
シュトラーセ

studieren 学ぶ
シュトゥディーレン

チャレンジ 発音してみましょう。

Stahl 鋼鉄　Stück 部分
Spiegel 鏡　Speck ベーコン

- **s**（語の終わりなど音節の終わり）, **ss**, **ß** [s] スと発音 A-20

Eis 氷
アイス

aus ～の中から
アオス

essen 食べる
エッセン

Fass 樽
ファス

weiß 白
ヴァイス

Fuß 足
フース

チャレンジ 発音してみましょう。

heiß 熱い・暑い　Haus 家　Fluss 川
schießen 撃つ　Maske 仮面　Sessel 安楽いす

- **th, dt** [t] **トゥと発音** 🔈 A-21

Therapie 治療法
テラピー

Apotheke 薬局
アポテーケ

Stadt 町
シュタット

verwandt 親戚の
フェアヴァント

チャレンジ 発音してみましょう。

Thema 主題　　Gesandte 公使

- **ti** [tsi] **tia, tie, tio と続けるときツィと発音（外来語）** 🔈 A-22

Initiative 主導権
イニツィアティーヴェ

Patient 患者
パツィエント

Definition 定義
デフィニツィオーン

チャレンジ 発音してみましょう。

Initiale イニシャル　　Situation 状況　　Position 位置

- **tsch** [tʃ] **チュと発音** 🔈 A-23

deutsch ドイツ(風)の
ドイチュ

tschüs じゃあね
チュース

チャレンジ 発音してみましょう。

klatschen 拍手する　　Tschechien チェコ
dolmetschen 通訳をする　　Peitsche むち

- **v** [f] **フと発音する** 🔈 A-24

Vater 父
ファーター

viel たくさん
フィール

Vogel 鳥
フォーゲル

※外来語ではヴ [v] と発音する場合が多い

Vase 花瓶
ヴァーゼ

Villa 屋敷
ヴィラ

Vulkan 火山
ヴルカーン

チャレンジ 発音してみましょう。

Vieh 家畜　　Volk 国民　　Visum（※） ビザ

- w [v] ヴと発音する　A-25

wir 私たち
ヴィーア

Wein ワイン
ヴァイン

Löwe ライオン
レーヴェ

チャレンジ 発音してみましょう。

Wolf おおかみ　Wald 森

- x [ks] クスと発音する　A-26

Taxi タクシー
タクスィ

Examen 試験
エクサーメン

Luxus ぜいたく
ルクスス

チャレンジ 発音してみましょう。

Text 文章　Maximum 最大値

- y 語頭では j と同じく[j]と発音し、語中では ü と同じく[y], [yː]と発音する　A-27

Yacht ヨット
ヤハト

System 体系
ズュステーム

Typ タイプ
テュープ

チャレンジ 発音してみましょう。

Yoga ヨガ　Symbol シンボル　Analyse 分析

- z, ds, ts, tz [ts] ツと発音　A-28

Zahn 歯
ツァーン

Zentrum 中心部
ツェントルム

abends 夕方に
アーベンツ

nirgends どこにも～ない
ニルゲンツ

nachts 夜に
ナハツ

rechts 右に
レヒツ

Katze 猫
カッツェ

jetzt 今
イェツト

チャレンジ 発音してみましょう。

Zeit 時間　Zug 列車　nichts 何も～ない
Landsmann 同郷の男性　Satz 文　sitzen 座っている

練習問題

A-29

1 | 下線部の発音に注意して、以下の人名や地名をドイツ語で読み上げてください。

- □ Paul
- □ Peter
- □ Georg
- □ Leopold
- □ Ludwig
- □ Susanna
- □ Günther
- □ Mozart
- □ Händel
- □ Schubert
- □ Röntgen
- □ Strauss
- □ Bach
- □ Bochum
- □ Stuttgart
- □ Wien
- □ Köln
- □ München
- □ Reutlingen
- □ Salzburg
- □ Bregenz
- □ Hannover
- □ Leipzig
- □ Wacken

2 | 日本語に取り入れられている以下の語をドイツ語で読み上げてください。

- □ Märchen 童話
- □ Baumkuchen バウムクーヘン
- □ Neurose ノイローゼ
- □ Rucksack リュックサック
- □ Energie エネルギー
- □ Poltergeist ポルターガイスト

3 | 以下の語を読み上げてください。

- □ Gold 金
- □ Sport スポーツ
- □ Theater 劇場
- □ Tiger 虎
- □ Butter バター
- □ Nation 国家
- □ Radio ラジオ
- □ Hand 手
- □ Winter 冬
- □ Ball ボール

第1課

動詞の変化と文の語順

Hallo, ich heiße Tim.

どうも、ティムと言います。

これを学ぼう！

- □ 動詞は、主語に合わせて形が変わる。
- □ 形を整えた動詞は、文の中で決まった位置に置く。

これができる！

- □ 自分やほかの誰かについて伝えられるようになる。
- □ 簡単な質問ができるようになる。

記念すべきスタートラインです。このページを含め、最初の5ページ分を使って次の休憩ポイントまで進みましょう。以下は、そこまでのロードマップです。

ロードマップ

- 自分やほかの誰かについて話すときには、「私」、「君・あなた」、「彼」、「彼女」のような表現が必要ですね。こういう表現を「人称代名詞」と言います。まずは、人称代名詞のレパートリーをひととおり確認しましょう。→ 1
- 人称代名詞を確認したら、次は動詞の形についてです。動詞は、文の主語がどの人称代名詞であるかに応じて形がちょっとずつ変わります。人称代名詞ごとに微妙に異なる動詞の形を整理しましょう。→ 2
- 形を整えた動詞は、文の中で置く位置が決まっています。どの位置に置けばよいのか押さえておきましょう。→ 3

どんなやり取り?

自己紹介

A-30

A Hallo, ich heiße Tim. Wie heißt du?

B Ich heiße Julia. Ich komme aus Bonn. Woher kommst du, Tim?

A Ich komme aus Mainz. Kennst du Mainz?

B Ja, Mainz kenne ich sehr gut.

A：どうも、ティムと言います。君の名前はなんて言うの？

B：ユリアと言います。ボン出身です。ティム、君はどこ出身なの？

A：僕はマインツ出身だよ。君はマインツを知っている？

B：うん、マインツはとてもよく知っているよ。

語注

□ hallo どうも・やあ　□ ich 私　□ heiße, heißt < heißen ～という名前である

□ wie どう・何　□ du 君・あなた　□ komme, kommst < kommen 来る

□ aus ～(の内部)から　□ woher どこから

□ kennst, kenne < kennen 知っている　□ ja うん・はい　□ sehr とても

□ gut よい

1 人称代名詞の種類

人称代名詞には何種類かあります。どの人称代名詞も「人称」と「数」という点に関して異なります。以下は人称代名詞の一覧です。

		単数		複数	
1人称		**ich**	私は	**wir**	私たちは
2人称	（親称）	**du**	君は	**ihr**	君たちは
	（敬称）	**Sie**	あなたは	**Sie**	あなたたちは
3人称	（男性）	**er**	彼は		
	（女性）	**sie**	彼女は	**sie**	彼(女)らは・それらは
	（中性）	**es**	それは		

Tipps

- 「数」には単数と複数の2種類があります。
- 「人称」には次の3種類があります。
  1人称：話し手
  2人称：聞き手
  3人称：1・2人称以外のヒトやモノ
- 2人称には次の2種類があります。
  du/ihr（親称）：家族・友人・恋人・学生同士などの親しい間柄で用いる。
  Sie（敬称）：初対面の大人同士など特に親しいわけではない間柄で用いる。単数と複数とで形は同じであり、書き出しは必ず大文字。
- 3人称単数のうち、**er, sie**は、モノを表す名詞を受けるのにも用いられます。逆に**es**はヒトを表す名詞を受けるのにも用いられます（**p.45✚**参照）。

2 動詞の形

A-31

動詞は文中で、主語となる人称代名詞の人称・数に応じて形が変化します。特定の形に定まっている動詞なので「**定動詞**」または「**定形**」と言います。

Ich **komme** aus Mainz. 主語が **ich** の場合 → 動詞は **komme**

Woher **kommst** du? 主語が **du** の場合 → 動詞は **kommst**

定動詞は原則として、変化しない前半部分と変化する後半部分の組み合わせから成り立っています。前半部分を「**語幹**」、後半部分を「**語尾**」と言います。

ich komm | -e
語幹 語尾

du komm | -st
語幹 語尾

語尾は次のパターンで変化します。

	単数		複数	
1人称	**-e**	ich komme	**-en**	wir kommen
2人称	**-st**	du kommst	**-t**	ihr kommt
3人称	**-t**	er/sie/es kommt	**-en**	sie/Sie kommen

Tipps

- 動詞には、主語が定まっていない場合の形もあります。形が定まっていないので「**不定詞**」とか「**不定形**」と言います。辞書に載っている形のことです。不定詞の語尾は大半の場合、**-en** です。

  例 komm**en**（来る） heiß**en**（～という名前である）

  kenn**en**（知っている）

- 敬称2人称 **Sie** の場合、動詞の語尾は3人称複数 **sie** の場合と同じで **-en** です。

Woher komm**en** Sie? あなたはどこ出身ですか?

3 動詞を置く位置

A-32

動詞を置く位置は、文の種類ごとに決まっています。

平叙文・補足疑問文：動詞は文頭から２番目の位置に置く。

決定疑問文：動詞は文頭に置く。

◆「～が…する」、「～は…だ」のような形で何かを述べる文を「**平叙文**」と言います。定動詞は文頭から２番目の位置に置きます。必ずしも主語を文頭に置く必要はありません。

Ich	**heiße**	Julia.	私はユリアと言います。
Ich	**komme**	aus Mainz.	僕はマインツ出身です。
Mainz	**kenne**	ich sehr gut.	マインツは、私はよく知っている。

◆補足疑問文：**wie**（どう・何），**woher**（どこから）などの疑問詞で始まる疑問文を「**補足疑問文**」と言います。定動詞は文頭から２番目の位置に置きます。

Wie	**heißt**	du?	君はなんて言う名前なの？
Woher	**kommst**	du?	君はどこ出身なの？

◆「はい」「いいえ」のどちらかで答えさせる疑問文を「**決定疑問文**」と言います。定動詞は文頭に置きます。

Kennst du Mainz?　君はマインツを知っている？

Tipps

- 定動詞が文頭から２番目の位置に置かれる場合、文頭を占めるのは1語とは限りません。2語以上から成る句が文頭を占めることもあります。

Mainz und Bonn **kenne** ich sehr gut.
マインツとボンはよく知っているよ。

はい、ここまでお疲れさまでした。……あれ、ついてきていますよね?「こんなにいちどきに覚えられない!」と思った方、どうぞご心配なく。この先も同じ表現や語順がくり返し出てきます。ですから、先に進むにつれて、これまでの項目がだんだん染み込んでいきます(と思います)。ところで、いくつか補足したいことがあります。水分補給しながら確認してください。

✚もうひとがんばり!

A-33

◆動詞によっては、語幹に語尾を足すだけでなく、さらに形の微調整が必要です。いずれも、言いやすさを目的としたものです。

• **語幹が-s, -ss, -ß, -tz, -zで終わる**：主語が**du**の場合、動詞の語尾は**-st**の**s**が省かれ**-t**のみとなる。

例 **heißen**（～という名前である） → du heißt

tanzen（踊る） → du tanzt

• **語幹が-d, -tで終わる**：主語が**du, er/sie/es, ihr**の場合、動詞の語幹と語尾の間に語調を整えるため母音**e**が入る。

例 **arbeiten**（働く）
→ du arbeitest　er/sie/es arbeitet　ihr arbeitet

finden（見つける）
→ du findest　er/sie/es findet　ihr findet

◆主な疑問詞のレパートリーは以下のとおりです。

wo どこで	**woher** どこから	**wohin** どこへ
wie どう・何	**was** 何が・何を	**wer** 誰が
warum なぜ・どうして	**wann** いつ	

Wann kommst du?　君はいつ来るの?

Wie kommst du?　君はどうやって来るの?

Warum kommst du?　君はなぜ来るの?

1 カッコ内の動詞を適切な形に変えてください。 (→ 2 3 +)

(1) Ich ________ (wohnen) hier.　私はここに住んでいます。
＊wohnen 住んでいる　hier ここ

(2) Wir ________ (lernen) Spanisch.　私たちはスペイン語を習います。
＊lernen 学ぶ　Spanisch スペイン語

(3) ________ (schwimmen) du heute?　君は今日泳ぐの？
＊schwimmen 泳ぐ　heute 今日

(4) Warum ________ (weinen) sie?　彼らはなぜ泣いているの？
＊weinen 泣く

(5) Er ________ (tanzen) gern. Ich ________ (tanzen) auch gern.　彼は踊るのが好きです。私も踊るのが好きです。
＊gern 好んで　auch ～も

(6) Ich ________ (reisen) oft. ________ (reisen) du auch oft?
私はよく旅行します。君もよく旅行するの？
＊reisen 旅行する　oft しばしば・よく

2 以下の文を、指定された主語に合わせて書き換えてください。 (→ 1 2 +)

(1) Wir kochen gerade.　私たちはちょうど今、料理をしています。
＊kochen 料理する　gerade ちょうど今

ich: ______________________________

(2) Sicher liebt er Fußball.　きっと彼はサッカーが大好きですよね。
＊sicher きっと･確かに　liebt < lieben 愛する･好きである　Fußball サッカー

ihr: ______________________________

(3) Wo sitzen Sie?　あなたはどこに座っているのですか？
＊sitzen 座っている

du: ______________________________

3 [ ] 内の指示にしたがって、以下の文を書き換えてください。 (→ 3)

(1) Ich arbeite jetzt. 私は今、働いている。
[jetztを文頭に] ＊jetzt 今

____

(2) Hans spielt allein. ハンスはひとりで遊ぶ。
[決定疑問文に] ＊spielt < spielen 遊ぶ allein ひとりで

____

(3) Er kommt <u>morgen</u>. 彼は明日来る。
[下線部が答えとなる疑問文に] ＊morgen 明日

____

4 与えられた語句を適切な形に変え、並び換えることにより、ドイツ語文を完成させてください。 (→ 3 ＋) A-34

(1) er / singen / immer
彼はいつも歌っている。 ＊singen 歌う immer いつも

____

(2) sie / spielen / Tennis
彼女はテニスをしますか? ＊spielen (球技を)する Tennis テニス

____

(3) ich / backen / Kuchen
明日私はケーキを焼きます。 ＊backen 焼く Kuchen ケーキ

Morgen ________________________________

(4) du / arbeiten / wo / jetzt
君は今、どこで働いているの?

____

解答は188ページ

第2課

動詞の不規則変化

Wo ist Peter?

ペーターはどこにいるの?

これを学ぼう!

□ 人称変化のしかたが規則どおりではない動詞がある。
□ 規則どおり変化しないとはいえ、パターンがつかめる場合もある。

これができる!

□ 「私は～だ」、「私には～がある」などの基本的な表現ができる。
□ 重要度が高い動詞を正しい形で使えるようになる。

休憩は終わりです。まだ始まったばかりですし、先に進めますよね。さて、この先、ちょっとデコボコ道があるので足元にお気をつけください……。

ロードマップ

- 動詞によっては、語尾が変わるだけでなく、語幹の母音が特定の主語のときだけ微妙に変化するものがあります。変化のパターンには3通りあります。具体例とともに押さえておきましょう。→ 1
- 一方では、パターンも何もなく、主語ごとに形が大きく異なる動詞が2つあります。重要度が極めて高いので、しっかり覚えておきましょう。→ 2
- ほかにも、どのパターンにも収まらないような変化のしかたをする動詞がいくつかあります。やはりお世話になることが多い動詞ですので、どのような形なのか把握しておきましょう。→ 3

どんなやり取り?

自宅での夫婦の会話

A-35

A Wo ist Peter?

B Ich weiß nicht.
Vielleicht schläft er noch.

A Aha. Warum sprichst du so leise?
Hast du Halsschmerzen?

B Nein. Ich bin nur müde.

A：ペーターはどこにいるの?

B：知らない。ひょっとすると、彼はまだ眠っているのかもしれない。

A：そうか。どうして君はそんなに小さい声で話すの?
のどが痛いの?

B：ううん。疲れているだけだよ。

語注　(*m.*：男性　*f.*：女性　*n.*：中性　*pl.*：複数)

- □ ist, bin < sein　～である
- □ weiß < wissen　知っている・分かっている
- □ nicht　～でない
- □ vielleicht　ひょっとすると
- □ schläft < schlafen　眠る
- □ noch　まだ
- □ aha　そうか
- □ sprichst < sprechen　話す
- □ so　そんなに
- □ leise　静かな・声が小さい
- □ hast < haben　～を持つ・～がある
- □ Halsschmerzen *pl.*　のどの痛み
- □ nein　ううん
- □ nur　～だけ
- □ müde　疲れた・眠い

1 母音が不規則に変化する動詞

A-36

一部の動詞は、主語が２人称単数（**du**）と３人称単数（**er/sie/es**）の場合のみ、語幹の母音・つづりが特定のパターンで変化します。

	a ➡ ä	**e ➡ i**	**e ➡ ie**
	schlafen 眠る	**sprechen** 話す	**sehen** 見る・見える
ich	schlafe	spreche	sehe
du	schläfst	sprichst	siehst
er/sie/es	schläft	spricht	sieht
wir	schlafen	sprechen	sehen
ihr	schlaft	sprecht	seht
sie/Sie	schlafen	sprechen	sehen

Er **schläft** gerade. 彼はちょうど今、眠っている。

Du **sprichst** sehr leise. 君はとても小さな声で話すね。

Was **siehst** du? 君は何が見えるの？

Tipps

- 各パターンに従う動詞の例は、ほかにもいくつかあります。

a→ä : fahren（乗り物で行く） tragen（運ぶ・身につける）
fallen（落ちる） waschen（洗う）

e→i : essen（食べる） helfen（手伝う） geben（与える）
treffen（出会う） werfen（投げる）

e→ie : lesen（読む） stehlen（盗む） empfehlen（勧める）

 不規則動詞sein, haben

A-37

動詞**sein, haben**は主語に応じて語形が大きく異なります。

	sein 〜である・〜にある	**haben** 〜を持つ・〜がある
ich	bin	habe
du	bist	hast
er/sie/es	ist	hat
wir	sind	haben
ihr	seid	habt
sie/Sie	sind	haben

◆ 動詞**sein**は形容詞や副詞、名詞などとの組み合わせで、状態や位置、属性などを表します。

Ich **bin** müde.　私は疲れている。

Wir **sind** hier.　私たちはここにいる。

Wo **ist** Peter?　ペーターはどこにいるの？

Paul **ist** Student.　パウルは学生だ。

◆ 動詞**haben**はさまざまな名詞との組み合わせで、「〜を持つ・〜がある」という意味を表します。

Hast du Halsschmerzen?

君はのどが痛いの？（君はのどの痛みがあるの？）

Ich **habe** Fieber.

私は熱がある。

Haben Sie Zeit?

あなたは時間がありますか？

3 そのほかの不規則動詞

A-38

特定のパターンがなく不規則に変化する動詞は、**sein**と**haben**のほかにもいくつかあります。変化のしかたは動詞ごとに特殊です。

	werden ～になる	**wissen** 知っている	**nehmen** 取る・選ぶ	**halten** 保つ
ich	werde	weiß	nehme	halte
du	wirst	weißt	nimmst	hältst
er/sie/es	wird	weiß	nimmt	hält
wir	werden	wissen	nehmen	halten
ihr	werdet	wisst	nehmt	haltet
sie/Sie	werden	wissen	nehmen	halten

Thomas **wird** Pilot. トーマスはパイロットになる。

Ich **weiß** nicht. 私は知らない。

Nina **nimmt** immer Sushi. ニーナはいつも寿司を選ぶ。

Georg **hält** immer Abstand. ゲオルクはいつも距離を保っている。

Tipps

- 動詞**werden**は単数のとき、語幹と語尾の区別が明らかではありません。
- 動詞**wissen**は、単数のとき母音が**ei**であり、語幹と語尾の区別が明らかではありません。
- 動詞**nehmen**は、2人称単数と3人称単数のとき母音が短く**i**と発音されます。また、つづりの上では**m**を2つ重ねます。
- 動詞**halten**は2人称単数と3人称単数のとき母音が**ä**であるのに加え、3人称単数のとき語尾**-t**を足しません。

はい、お疲れさまでした。規則どおりでないぶん、デコボコ道を歩くときのような面倒くささを感じたかもしれません。でも、平坦な道のりばかりがずーっと続くと、それはそれで緊張感が途切れたりしません？たまにはアップダウンもあったほうがシャキッとしますよね。そんなイメージで大目に見てあげてください。

＋もうひとがんばり！

A-39

◆決定疑問文への答え方には **ja, nein, doch** の3通りがあり、次のように使い分けます。

- 「～なの？」のように肯定の尋ね方に対して
  - ➡ 答えが質問の内容どおりなら **ja** を使う。
  - ➡ 答えが質問の内容どおりでないなら **nein** を使う。

Schläft Peter? ペーターは眠っているの？
–**Ja**, er schläft. ― うん、彼は眠っている。
–**Nein**, er schläft nicht. ― ううん、彼は眠っていない。

Rauchst du? 君はたばこを吸うの？
–**Ja**, ich rauche. ― うん、吸う。
–**Nein**, ich rauche nicht. ― ううん、吸わない。

- 「～ではないの？」のように否定の尋ね方に対して
  - ➡ 答えが質問の内容どおりでないなら **doch** を使う。
  - ➡ 答えが質問の内容どおりなら **nein** を使う。

Schläft Peter nicht? ペーターは眠っていないの？
–**Doch**, er schläft. ― ううん、彼は眠っている。
–**Nein**, er schläft nicht. ― うん、彼は眠っていない。

Rauchst du nicht? 君はたばこを吸わないの？
–**Doch**, ich rauche. ― ううん、吸う。
–**Nein**, ich rauche nicht. ― うん、吸わない。

1 カッコ内の動詞を適切な形に変えてください。 (→ 1 2 3)

(1) Ich ________ (sein) hier.
私はここにいるよ。

(2) Wo ________ (sein) du?
君はどこにいるの？

(3) Martin ________ (haben) Hunger.
マーティンはおなかがすいている。 ＊Hunger ***m.*** 空腹

(4) Leo ________ (tragen) Sandalen.
レオはサンダルを履いている。 ＊Sandalen ***pl.*** サンダル

(5) ________ (wissen) du das nicht? ＊das それ
君はそれを知らないの?

(6) Ich ________ (werden) Arzt. ________ (werden) du auch Arzt?
私は医師になる。君も医師になるの？ ＊Arzt ***m.*** 医師［男性］

2 以下の文を、指定された主語に合わせて書き換えてください。 (→ 1)

(1) Wohin fahren Sie? あなたはどこに行きますか？

du: ________________________________

(2) Ich lese „Faust". 私は『ファウスト』を読む。

er: ________________________________

(3) Ich esse gern Pizza. 私はピザを食べるのが好きだ。
＊Pizza ***f.*** ピザ

Julia: ________________________________

3 下線部にja, nein, dochのうち、いずれか1つを記入してください。 (→✚)

(1) Tanzt er nicht? 彼は踊らないの？

________ , er tanzt nicht.

(2) Spielt ihr Tennis? 君たちはテニスをするの？

________ , wir spielen Tennis.

(3) Kennen Sie Köln nicht? あなたはケルンを知らないのですか？

________ , ich kenne Köln gut.

(4) Kommst du? 君は来るの？

________ , ich komme nicht.

4 与えられた語句を適切な形に変え、並び換えることにより、ドイツ語文を完成させてください。 (→❶❷❸) A-40

(1) sie / sein / sehr / klug

彼らはとても賢い。 ＊klug 賢い

____

(2) ihr / sprechen / Japanisch

君たちは日本語を話すの? ＊Japanisch *n.* 日本語

____

(3) du / schlafen / hier

いつも君はここで眠っている。

Immer ____

(4) du / nehmen / was

君は何を選ぶの？

____

解答は188ページ

第3課

名詞の性・数

Hier ist eine Konditorei.

ここにケーキ店がある。

これを学ぼう！

- □ 名詞には、文法上の性が3種類ある。
- □ 名詞の性に応じて、冠詞の形は異なる。

これができる！

- □ 特定のモノやヒトについて語れるようになる。
- □ モノやヒトを新しい話題として会話の中に取り込めるようになる。

モノやヒトについて語るには、まずとにかく名称を挙げなければなりませんね。そのときの約束ごとについてです。

ロードマップ

この課から第5課まで名詞に関係することを詳しく見ていきます。名詞には「性」という区別があります。性は3種類あり、性ごとに定冠詞も不定冠詞も形が異なります。冠詞を見たら「あ、（たぶん）この性だ！」と分かるようにしておきましょう。→ 1

定冠詞と不定冠詞の形を確認したところで、この2種類の冠詞の使い分けに関して、ごく基本的なことを押さえておきましょう。→ 2

名詞には、単数と複数の区別もあります。複数のときの形（複数形）は、単数のときの形（単数形）に手を加えるようにして作ります。手の加え方にはいくつかパターンがあります。ひととおり見ておきましょう。→ 3

どんなやり取り?

街なかの散策

A-41

A Oh. **Hier ist eine Konditorei.**

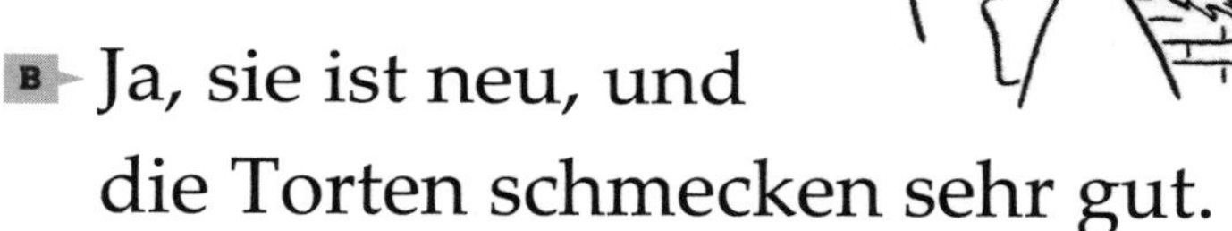

B Ja, sie ist neu, und
die Torten schmecken sehr gut.

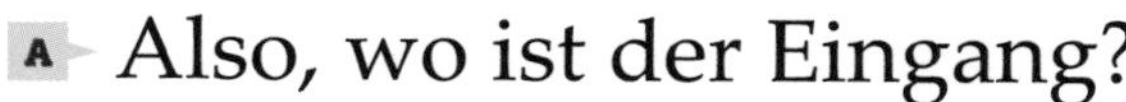

A Also, wo ist der Eingang?

A：あ。ここにケーキ店がある。

B：うん、それは新しいんだ。
それにケーキはとてもよい味だよ。

A：じゃあ、入り口はどこ?

語注（*m.*：男性　*f.*：女性　*n.*：中性　*pl.*：複数）

- ☐ oh　あ・おや・まあ
- ☐ hier　ここ
- ☐ Konditorei ***f.*** ケーキ店
- ☐ neu　新しい
- ☐ Torten ***pl.*** < Torte ***f.*** ケーキ
- ☐ schmecken　味がする
- ☐ also　じゃあ
- ☐ Eingang ***m.*** 入り口

1 名詞の性と定冠詞・不定冠詞

名詞には文法上の性があります。どの名詞も、「男性」、「女性」、「中性」のいずれかの性を持ち、それぞれ「男性名詞」、「女性名詞」、「中性名詞」と呼ばれます。

男性名詞		女性名詞		中性名詞	
Vater	父	Mutter	母	Kind	子ども
Hund	犬	Katze	猫	Pferd	馬
Tee	お茶	Milch	牛乳	Wasser	水
Bahnhof	駅	Halle	ホール	Hotel	ホテル

◆名詞の性によって、定冠詞・不定冠詞の形は異なります。定冠詞は、男性・女性・中性の順に **der, die, das** という形です。一方、不定冠詞は、男性と中性が同じ **ein** という形で、女性だと **eine** という形です。

	男性名詞	女性名詞	中性名詞
定冠詞	der Hund	die Katze	das Pferd
不定冠詞	ein Hund	eine Katze	ein Pferd

Tipps

- 文字でつづる場合、名詞の語頭は大文字で書きます。
- 文法上の性は、ヒトを表す名詞については生物学上の男女の区別と一致することもあります。
- ヒト以外のモノを表す名詞については、文法上の性は生物学上の男女・雌雄の区別とは関係ありません。

2 定冠詞と不定冠詞の使い分け

A-42

定冠詞・不定冠詞は、おおよそ次のように使い分けます。

◆不定冠詞は、会話の中でまだ話題になっていないもの、聞き手が誰・どれのことか特定できないものを名詞が表す場合につけます。また、不定冠詞には「1つの」という意味も込められています。

- 話し手が、1人の子どもを見ながら聞き手に向かって

Da steht **ein** Kind.
そこに1人の子どもが立っているよ。

- 歩いている最中に1軒のケーキ店を目にして

Oh. Hier ist **eine** Konditorei.
あ。ここにケーキ店がある。

◆定冠詞は、会話の中ですでに話題になっているもの、聞き手が誰・どれのことか特定できるものを名詞が表す場合につけます。

- ある女子学生が話題になっている場合

Die Studentin kommt gleich.
その女子学生はすぐ来るよ。

- 目の前にあるケーキ店について話している場合

Wo ist **der** Eingang?
入り口（=ケーキ店の入り口）はどこ?

Tipps

- 数えあげることができないモノを表す名詞には、原則として不定冠詞をつけません。

例 Wasser（水） Butter（バター） Sand（砂） Zucker（砂糖）
Gold（金） Fieber（熱） Hunger（空腹）

3 名詞の複数形

A-43

数えられるモノ・ヒトを表す名詞には単数と複数の区別があります。複数形の作り方には5通りの代表的なパターンがあります。

◆ 単数形に語尾 **-e** を足す（変音する場合もある）

der Tag（日） → die Tag**e** ［変音なし］

die Nacht（夜） → die N**ä**cht**e** ［変音あり］

◆ 単数形に語尾 **-er** を足す（変音する場合もある）

das Kind（子ども） → die Kind**er** ［変音なし］

das Buch（本） → die B**ü**ch**er** ［変音あり］

◆ 単数形に語尾を足すことがない（変音する場合もある）

der Onkel（おじ） → die Onkel ［変音なし］

der Laden（店） → die L**ä**den ［変音あり］

◆ 単数形に語尾を足し、終わりが **-en** になるようにする

das Auge（目） → die Auge**n**

die Frau（女性） → die Frau**en**

◆ 単数形に語尾 **-s** を足す

das Auto（車） → die Auto**s**

die Kamera（カメラ） → die Kamera**s**

Tipps

・名詞が複数形の場合は、不定冠詞（**ein/eine**）をつけません。また、定冠詞は性別に関係なく **die** という形です。

Da sind Restaurant**s**.
そこにレストラン［複数］がある。

Die Torte**n** schmecken sehr gut.
ケーキ［複数］はとてもよい味だよ。

名詞が3グループに分けられるというのは不思議ですね。性別を覚えるのも楽ではありません。でも、性別があるからこそ、例えば代名詞が出てきたとき、それが手前にあった名詞のうちのどれを指しているのかが分かりやすくなります。少しずつ慣れていきましょう。

✚もうひとがんばり！

A-44

◆名詞を受ける代名詞も、名詞の性・数に応じて異なります。単数形の男性名詞・女性名詞・中性名詞はそれぞれ**er, sie, es**で受け、複数形の名詞は性に関係なく**sie**で受けます。

Ist **der** Eingang breit? – Ja, **er** ist breit. [男性]
入り口は幅が広いの？ — うん、それは幅が広いよ。

Hier ist **eine** Konditorei. – Ja, **sie** ist neu. [女性]
ここにケーキ店がある。 — うん、それは新しいよ。

Wie heißt **das** Mädchen? – **Es** heißt Maria. [中性]
その少女は何という名前なの？ — マリアという名前だよ。

Da sind Restaurants. – Ja, **sie** sind teuer. [複数]
そこにレストラン [複数] がある。 — うん、それらは値段が高いよ。

◆モノ・ヒトを指し示して「これは何・誰？」とか「あれは～だ」と言う場合は、指示代名詞**das**を幅広く使います。中性の定冠詞と形がまったく同じですが、指し示す対象との距離や名詞の性に関係なく、「これ」、「それ」、「あれ」を表します。

Was ist das? これは何？
– **Das** ist ein Markt. — これは市場だ。[男性]

Wer ist das? あれは誰？
– **Das** ist Maria. — あれはマリアだ。

- 動詞の形は、モノ・ヒトを表す名詞の人称・数に合わせます。

Das **sind** Peter und Maria. あれはペーターとマリアだ。

練習問題に挑戦しよう

1 点線部には定冠詞を、下線部には代名詞を記入してください。

(→❶✚)

(1) Wo ist .... Brille? - ______ ist hier.

眼鏡はどこにあるの？ — それはここにあるよ。

＊Brille *f.* 眼鏡

(2) Wann kommt .... Taxi? - ______ kommt gleich.

タクシーはいつ来るの？ — それはすぐ来るよ。

＊Taxi *n.* タクシー　gleich すぐに

(3) .... Kaffee riecht gut! - Ja, ______ ist frisch.

コーヒーはいい匂いがする！ — うん、それはできたてだよ。

＊Kaffee *m.* コーヒー　riecht < riechen 匂いがする　frisch 新鮮な

2 点線部には不定冠詞を、下線部には代名詞を、二重線部には定冠詞を記入してください。

(→❶❷✚)

(1) Das ist .... Fernseher. ______ ist kaputt.

それはテレビだ。故障している。　＊Fernseher *m.* テレビ　kaputt 故障した

(2) Hier ist .... Mädchen. ______ ist noch klein.

ここに女の子がいる。まだ小さい。

＊Mädchen *n.* 女の子　klein 小さい

(3) ====== Kirche steht hier. Da steht auch .... Kirche.

その教会はここに立っている。そこにも教会が1つ立っている。

＊Kirche *f.* 教会　steht < stehen 立っている

(4) ====== Brief liegt hier. Da liegt auch .... Brief.

その手紙はここに置いてある。そこにも手紙が1つ置いてある。

＊Brief *m.* 手紙　liegt < liegen 置いてある

3 例にならい、[　] 内の指示を参考に名詞を複数形にして文全体を書き換えてください。 (→3)

例 Das ist ein Buch. [-er+変音] それは本だ。
→ Das sind Bücher. それは本［複数］だ。 ＊Buch *n.* / Bücher *pl.* 本

(1) Hier liegt eine Zeitung. [-en] ここに新聞が置いてある。
＊Zeitung *f.* 新聞

→ ______

(2) Da ist ein Auto. [-s] そこに車がある。

→ ______

(3) Der Vogel fliegt hoch. [無語尾+変音] その鳥は高く飛んでいる。
＊Vogel *m.* 鳥 fliegt < fliegen 飛ぶ hoch 高い

→ ______

(4) Der Arzt ist reich. [-e+変音] その医師は裕福だ。 ＊reich 裕福な

→ ______

4 与えられた語句を適切な形に変え、必要な語句を補って、ドイツ語文を完成させてください。 (→2 3 ＋) A-45

(1) das / sein / Birne / sie / sein / schwer
これは1個の梨だ。それは重い。 ＊Birne *f.* 梨 schwer 重い

______

(2) Hund / schlafen / er / sein / groß
その犬は寝ている。それは大きい。 ＊Hund *m.* 犬 groß 大きい

______

(3) wo / sein / Kinder
その子どもたちはどこにいるの？

______

解答は188ページ

第4課

名詞・代名詞の格変化

Kennst du den Opernsänger?

君はそのオペラ歌手を知っているの?

これを学ぼう!

- □ 名詞や代名詞には格がある。
- □ 格の区別は、主に冠詞や代名詞の形によって表される。

これができる!

- □「父の自転車」、「部屋の窓」といった関係が表せるようになる。
- □「兄が弟を助ける」のような登場人物の役割の違いが表せるようになる。

「その女の子、両親、家庭教師、紹介したがっているよ」。え? 誰が、誰に、誰を? ひらたく言うと、そういう区別のしかたについてです。

ロードマップ

名詞は、文の中で特定の役割を担います。「監督が選手たちを呼ぶ」と「選手たちが監督を呼ぶ」の意味の違いにも関わるような役割のことで、「格」と呼ばれます。格には何種類かあり、その区別は主に冠詞の形の違いによって表されます。定冠詞を例に、格に応じてどのような形の変化があるのか(格変化)を確認しましょう。→ 1

不定冠詞も格の区別に合わせて形が変わります。定冠詞の格変化とどことなく似ています。ひととおり見ておきましょう。→ 2

名詞と同じように、代名詞も格が異なると形が変わります。この点についても押さえておきましょう。→ 3

どんなやり取り?

パーティー会場にて

A-46

A Wer ist die Frau?

B Sie ist die Tochter eines Opernsängers.

A Kennst du den Opernsänger?

B Ja, ich kenne ihn gut. Manchmal schicke ich ihm einen Blumenstrauß.

A：その女性は誰?

B：彼女はあるオペラ歌手の娘だよ。

A：君はそのオペラ歌手を知っているの?

B：うん、私は彼をよく知っているよ。
ときどき、私は彼に花束を送っている。

語注 (*m.*：男性 *f.*：女性 *n.*：中性 *pl.*：複数)

☐ Tochter *f.* 娘 ☐ Opernsängers < Opernsänger *m.* オペラ歌手[男性]

☐ ihn 彼を・それを ☐ manchmal ときどき ☐ schicke < schicken 送る

☐ ihm 彼に・それに ☐ Blumenstrauß *m.* 花束

1 名詞と定冠詞の格変化

A-47

名詞は文中での役割（主語や目的語など）に応じて、特定の格を持ちます。「**1格**」、「**2格**」、「**3格**」、「**4格**」の4種類があり、その区別は主に冠詞の変化によって表されます。

◆ 定冠詞つき名詞の場合、以下のように変化します。

	男性 父親	**女性** 母親	**中性** 子ども	**複数** 子どもたち
1格	der Vater	die Mutter	das Kind	die Kinder
2格	des Vater**s**	der Mutter	des Kind**es**	der Kinder
3格	dem Vater	der Mutter	dem Kind	den Kinder**n**
4格	den Vater	die Mutter	das Kind	die Kinder

◆ 1格は日本語の「～が・～は」、2格は「～の」、3格は「～に」、4格は「～を」に、おおむね対応します。

Der Opernsänger ist groß. ［男性1格］
そのオペラ歌手は背が高い。

Wo ist das Haus des Opernsänger**s**? ［男性2格］
そのオペラ歌手の家はどこ？

Ich gebe dem Opernsänger Bonbons. ［男性3格］
私はそのオペラ歌手にあめをあげる。

Kennst du den Opernsänger? ［男性4格］
君はそのオペラ歌手を知っているの?

Tipps

- 男性名詞・中性名詞は2格の場合、語尾 **-[e]s** を足します。
- 複数形の名詞は3格の場合、語尾 **-n** を足します。ただし、複数形がすでに **-n**、または **-s** で終わっている場合、語尾 **-n** は足しません。

2 名詞と不定冠詞の格変化

A-48

定冠詞と同じように、不定冠詞も名詞の格に合わせて形が変わります。

	男性 バルコニー	女性 キッチン	中性 浴室	複数 浴室
1格	ein Balkon	eine Küche	ein Bad	Bäder
2格	eines Balkon**s**	einer Küche	eines Bad**es**	Bäder
3格	einem Balkon	einer Küche	einem Bad	Bäder**n**
4格	einen Balkon	eine Küche	ein Bad	Bäder

Da singt ein Opernsänger. ［男性1格］
そこで、あるオペラ歌手が歌っている。

Sie ist die Tochter eines Opernsänger**s**. ［男性2格］
彼女は、あるオペラ歌手の娘だ。

Ich gebe einem Opernsänger Bonbons. ［男性3格］
私はあるオペラ歌手にあめをあげる。

Ich kenne einen Opernsänger. ［男性4格］
私はあるオペラ歌手を知っている。

Tipps

- 男性1格、中性1格、中性4格の場合、不定冠詞は、語尾を足すことがない**ein**という形です。
- 2格の男性名詞・中性名詞には語尾**-[e]s**を足す、複数3格の名詞には原則として語尾**-n**を足す、といった名詞の語尾変化は、定冠詞つきの場合も、不定冠詞つき名詞や冠詞がつかない名詞の場合も、同じです。

3 代名詞の格変化

A-49

名詞と同じように、人称代名詞も格に応じて形が変わります。

単数					
	1人称	2人称	3人称		
1格	ich	du	er	sie	es
2格	(meiner)	(deiner)	(seiner)	(ihrer)	(seiner)
3格	mir	dir	ihm	ihr	ihm
4格	mich	dich	ihn	sie	es

複数			
	1人称	2人称	3人称
1格	wir	ihr	sie
2格	(unser)	(euer)	(ihrer)
3格	uns	euch	ihnen
4格	uns	euch	sie

Ich kenne **ihn** gut. 私は彼をよく知っている。 [4格]

Max antwortet **mir** schnell. マックスは即座に私に返事する。[3格]

Ich rufe **dich** später. 私は君をあとで呼ぶ。 [4格]

Manchmal schicke ich **ihm** einen Blumenstrauß. [3格]
ときどき、私は彼に花束をプレゼントする。

Tipps

- 人称代名詞の2格は、現代ではほとんど使われません。
- 1人称複数と2人称複数は、3格と4格が同じ形です。
- 敬称2人称**Sie**の格変化は複数3人称**sie**の場合と同じです。ただし、文字でつづる場合は、語頭を必ず大文字で書きます(**Ihnen, Sie**など)。

ええ、分かっています。図表ばかりでおなかいっぱいになりますね。でも、形の区別が多ければ、それだけ「誰が誰に何を」とか「何が何に」といった関係がはっきりします。そう、豊かな区別は、正しく伝えたり理解したりする上で強力な助けになるのです！たとえ、すぐには覚えにくいとしても……（小声）。

✚もうひとがんばり！

A-50

◆男性名詞の一部は単数1格以外のとき語尾 **-[e]n** がつきます。これを「男性弱変化名詞」と言います。その多くは語幹が **-e, -ent, -ist** で終わり、ヒトや動物を表します。

例 **Junge**（少年） **Student**（学生［男性］） **Pianist**（ピアニスト［男性］）
Mensch（人間） **Hase**（うさぎ） **Löwe**（ライオン）

- **Student** を例にすると、次のように格変化します。

	単数	複数
1格	der Student	die Studenten
2格	des Studenten	der Studenten
3格	dem Studenten	den Studenten
4格	den Studenten	die Studenten

◆「誰」を意味する疑問詞 **wer** も格変化します。文の主語が **wer** の場合、動詞は必ず3人称単数形です。また、2格の **wessen** は名詞と組み合わせて「誰の～」を表します。

wer［1格］ **wessen**［2格］ **wem**［3格］ **wen**［4格］

Wer kommt morgen? 誰が明日来るの? ［1格］
Wessen Buch ist das? それは誰の本なの? ［2格］
Wem schickst du das? 君は誰にそれを送るの? ［3格］
Wen suchst du? 君は誰を探しているの? ［4格］

練習問題に挑戦しよう

1 **必要に応じて下線部を埋め、不定冠詞もしくは定冠詞の適切な形を完成させてください。** (→❶❷)

(1) Ich habe ein____ Sohn und ein____ Tochter.
私は息子と娘が1人ずついます。 ＊Sohn ***m.*** 息子

(2) Daniel zeigt d____ Schülerin ein____ Film.
ダニエルはその女子生徒に1本の映画を見せる。
＊zeigt < zeigen 見せる　Schülerin ***f.*** 生徒［女性］　Film ***m.*** 映画

(3) Wie heißt d____ Vater d____ Studentin?
その女子学生の父親は何という名前なの？

(4) Brauchst du d____ Regenschirm und d____ Stiefel?
君はその傘と長靴が必要なの？
＊brauchst < brauchen 必要とする　Regenschirm ***m.*** 傘　Stiefel ***pl.*** 長靴

2 **(1), (2) では下線部の定冠詞を不定冠詞に、(3), (4) では下線部全体を代名詞1語に置き換え、文全体を書き換えてください。** (→❶❷❸)

(1) <u>Die</u> Frau besucht <u>das</u> Dorf.　その女性はその村を訪れる。
＊besucht < besuchen 訪問する　Dorf ***n.*** 村

→ ______________________________

(2) <u>Das</u> Kind repariert <u>den</u> Stuhl.　その子どもはその椅子を修理する。
＊repariert < reparieren 修理する　Stuhl ***m.*** 椅子

→ ______________________________

(3) <u>Die Schülerin</u> antwortet <u>dem Lehrer</u>.
その女子生徒はその教師に返事する。
＊antwortet < antworten 答える　Lehrer ***m.*** 教師［男性］

→ ______________________________

(4) <u>Der Professor</u> kauft <u>die Bücher</u>. その教授はその本［複数］を買う。
＊Professor ***m.*** 教授［男性］　kauft < kaufen 買う

→ ______________________________

3 カッコ内の代名詞（1格）を適切な形に変えてください。 (→ 3)

(1) Ich kenne ______ (du). Kennst du ______ (ich) nicht?
私は君を知っている。君は私を知らないの?

(2) Wer ruft ______ (wir)?
誰が私たちを呼んでいるのだろう?　＊ruft < rufen 呼ぶ

(3) Ich gebe ______ (ihr) Tomaten.
私は君たちにトマトをあげるよ。　＊Tomaten *pl.* トマト

(4) Wir danken ______ (Sie) herzlich.
私たちはあなたに心から感謝します。　＊danken 感謝する　herzlich 心から

4 与えられた語句を適切な形に変え、必要な語句を補って、ドイツ語文を完成させてください。 (→ 1 2 +) A-51

(1) das / sein / Haus / Politiker
あれは、ある政治家の家だ。　＊Haus *n.* 家　Politiker *m.* 政治家［男性］

____

(2) was / schicken / du / Kinder
君はその子どもたちに何を送るの?

____

(3) wer / suchen / sie
彼らは誰を探しているの?

____

解答は188~189ページ

第5課

冠詞類

Was schenkst du deiner Mutter?

君は君のお母さんに何をプレゼントするの?

これを学ぼう!

- □ 名詞を「冠詞類」と組み合わせることがある。
- □ 否定を表す代表的な手段が2種類あり、明確に使い分けられている。

これができる!

- □ 「この家」、「私の妹」といった特定のしかたができるようになる。
- □ 「〜する」と「〜しない」の区別が表せるようになる。

「靴を持ってきて!」と言われても、どの靴? 君の靴? 私の靴? それとも、この靴? 持ち主や範囲をしぼり込むための手段を押さえておきましょう。

ロードマップ

「冠詞類」といって、現れる位置・働き・格変化が冠詞とよく似たオプションがいくつかあります。どのオプションも、「私の〜」「この〜」のようにどれのことか特定してくれるので便利です。冠詞類は「定冠詞類」と「不定冠詞類」に大別することができます。まずは定冠詞類の特徴を見ておきましょう。→ 1

続いて、不定冠詞類の特徴を見ておきましょう。「〜(ヒト・モノ)の」という所有関係を表す「所有冠詞」、否定の意味を表す「否定冠詞」があります。→ 2

否定冠詞を紹介したついでに、否定の表し方を整理しておきましょう。否定冠詞を使う場合と使わない場合があるので、注意が必要です。→ 3

どんなやり取り?

店でのプレゼント選び

A-52

A Was schenkst du deiner Mutter?

B Ich schenke ihr diesen Wein.

A Schön! Wie viel kostet er?

B Ich weiß nicht. Ich finde kein Preisschild.

A：君は君のお母さんに何をプレゼントするの?

B：私は彼女にこのワインをプレゼントするよ。

A：すてきだね！　それはいくら?

B：知らない。値札が見つからないよ。

語注　(*m.*：男性　*f.*：女性　*n.*：中性　*pl.*：複数)

- ☐ schenkst, schenke < schenken　プレゼントする
- ☐ deiner < dein　君の
- ☐ diesen < dies-　この
- ☐ Wein *m.* ワイン
- ☐ schön　すてきな・すばらしい
- ☐ wie viel　いくら
- ☐ kostet < kosten　(値段が)～である
- ☐ kein　ひとつも～ない
- ☐ Preisschild *n.* 値札

1 定冠詞類

A-53

冠詞と同じ位置を占め、「この」、「どの」などの意味を添える表現を「**冠詞類**」と呼びます。冠詞類は格変化します。冠詞類のうち、格変化のしかたが定冠詞（**der/die/das**）と似ているものを「**定冠詞類**」と言います。

dies- この　**jed-** いずれの〜も　**all-** すべての
welch- どの　**solch-** そのような

◆ 定冠詞類は、**dies-**（この）を例にすると、次のように形が変わります。

	男性 このスカート		女性 このズボン		中性 このシャツ	
1格	dieser	Rock	diese	Hose	dieses	Hemd
2格	dieses	Rock**s**	dieser	Hose	dieses	Hemd**es**
3格	diesem	Rock	dieser	Hose	diesem	Hemd
4格	diesen	Rock	diese	Hose	dieses	Hemd

	複数 これらのスカート	
1格	diese	Röcke
2格	dieser	Röcke
3格	diesen	Röcke**n**
4格	diese	Röcke

	男性1格	女性3格	中性2格
定冠詞類+名詞：	dieser Rock	dieser Hose	dieses Hemdes
［定冠詞+名詞：	der Rock	der Hose	des Hemdes］

Dieser Junge kommt aus Kiel. ［男性１格］
この少年はキール出身だ。

Der Titel **dieses** Romans ist komisch. ［男性２格］
この小説のタイトルは奇妙だ。

Helfen Sie **diesem** Schüler? ［男性３格］
あなたはこの男子生徒を手伝うのですか？

Ich schenke ihr **diesen** Wein. ［男性４格］
私は彼女にこのワインをプレゼントするよ。

◆ ほかの定冠詞類も **dies-** と同じように格変化します。

中性１格：jed- + -es

Jedes Kind bekommt ein Heft.
どの子どももノートを１冊もらう。

複数３格：all- + -en

Wir geben **allen** Gästen einen Coupon.
私たちはすべてのお客様にクーポン券を差し上げています。

女性４格：welch- + -e

Welche Torte kaufst du?
君はどのケーキを買うの？

男性１格：welch- + -er

Welcher Film ist besonders berühmt?
どの映画がとりわけ有名ですか？

複数２格：solch- + -er

Der Inhalt **solcher** Bücher ist oft schwierig.
そのような本の内容はしばしば難しい。

Tipps

- 中性名詞のみ、１格・２格・４格のとき、定冠詞類の語尾は同じ **-es** という形です。

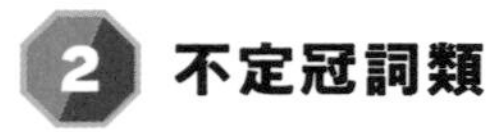

2 不定冠詞類

🔈 A-54

冠詞類のうち、格変化のしかたが不定冠詞（**ein/eine**）と似ているものを「**不定冠詞類**」と言います。不定冠詞類は、**所有冠詞**と**否定冠詞**に大別されます。

◆ 所有冠詞

「私の～」、「彼の～」のような所有関係を表します。人称・数などに応じていくつか種類があります。

		単数		複数	
1人称		**mein**	私の	**unser**	私たちの
2人称	親称	**dein**	君の	**euer**	君たちの
	敬称	**Ihr**	あなたの	**Ihr**	あなたたちの
3人称	男性	**sein**	彼の	**ihr**	彼らの
	女性	**ihr**	彼女の		彼女らの
	中性	**sein**	その		それらの

🔈 **Mein** Haus ist sehr klein.
私の家はとても小さい。

🔈 Wo ist **ihr** Fahrrad?
彼女の自転車はどこにあるの？

🔈 Das ist **unser** Reiseplan.
これが私たちの旅行計画です。

◆ 否定冠詞

kein ひとつも～ない

当てはまるものがひとつもないことを表します。

🔈 Hier fährt **kein** Taxi.
ここではタクシーは１台も走っていない。

不定冠詞類も格変化します。所有冠詞**mein**（私の）を例にすると、次のように形が変わります。

	男性 私のスカート		女性 私のズボン		中性 私のシャツ	
1格	mein	Rock	meine	Hose	mein	Hemd
2格	meines	Rocks	meiner	Hose	meines	Hemdes
3格	meinem	Rock	meiner	Hose	meinem	Hemd
4格	meinen	Rock	meine	Hose	mein	Hemd

	複数 私のスカート	
1格	meine	Röcke
2格	meiner	Röcke
3格	meinen	Röcken
4格	meine	Röcke

男性3格：sein + -em

Klaus folgt **sein**em Vater. クラウスは彼の父親について行く。

女性3格：dein + -er

Was schenkst du **dein**er Mutter?
君は君のお母さんに何をプレゼントするの？

中性4格：kein（無語尾）

Ich finde **kein** Preisschild. 私は値札が見つからない。

Tipps

- 3人称単数の代名詞**er, sie**がモノを指す場合があるのと同じように、それと同じ人称・数の所有冠詞**sein, ihr**も「～（モノ）の」を表す場合があります。

der Roman und **sein** Autor 小説とその著者
└「Roman（小説）の」の意

die Tür und **ihr**e Klinke ドアとその取っ手
└「Tür（ドア）の」の意

否定冠詞keinと否定副詞nicht

A-55

「～しない」とか「～ではない」のように否定を表す文を「**否定文**」と言います。否定文は、「～する」とか「～だ」のように肯定を表す「**肯定文**」に**否定冠詞kein**か**否定副詞nicht**を加えて作ります。否定冠詞と否定副詞の使い分けは次のとおりです。

◆ 肯定文に不定冠詞つきの名詞か冠詞つきでない名詞がある。

➡ **否定文では名詞の前にkeinを置く。**

Ich kaufe **kein** Auto.

私は車をひとつも買わない。

[**肯定文**：Ich kaufe ein Auto. 私は車を1つ買う。]

Ich trinke **keinen** Wein.

私はワインを飲まない。

[**肯定文**：Ich trinke Wein. 私はワインを飲む。]

◆ 上記の条件が当てはまらない（肯定文に不定冠詞つきの名詞も冠詞つきでない名詞もない）。

➡ **否定文ではnichtを使う（原則として文末に置く）。**

Ich kaufe das Auto **nicht**.

私はその車を買わない。

[**肯定文**：Ich kaufe das Auto. 私はその車を買う。]

Ich trinke diesen Wein **nicht**.

私はこのワインを飲まない。

[**肯定文**：Ich trinke diesen Wein. 私はこのワインを飲む。]

Tipps

- 肯定文が冠詞つきでない複数形の名詞を含んでいる場合も、対応する否定文では否定冠詞を使います。

Ich kaufe **keine** Handschuhe. 私は手袋を買わない。

[**肯定文**：Ich kaufe Handschuhe. 私は手袋を買う。]

また図表？ と思ったかもしれませんが、「定冠詞類」とか「不定冠詞類」というだけあって、定冠詞や不定冠詞と変化のしかたがよく似ていますよね。用例に接しているうちに語尾の足し方がつかめてきます。気長に構えて、先に進みましょう。

✚もうひとがんばり！

A-56

◆否定副詞**nicht**の位置は、否定のしかたによって異なります。

- 肯定文が表す内容全体を打ち消す「**全文否定**」の場合、**nicht**は原則として文末に置きます。

Ich trinke diesen Wein **nicht**.
私はこのワインを飲まない。

Peter schläft **nicht**.
ペーターは眠っていない。

Kennst du Mainz **nicht**?
君はマインツを知らないの？

- ただし、動詞**sein**と形容詞の組み合わせから成る肯定文を否定する場合は、形容詞の前に**nicht**を置きます。

Ich bin **nicht** müde.
私は疲れていない。

Die Konditorei ist **nicht** neu.
そのケーキ店は新しくない。

- 肯定文が表す内容の一部を打ち消す場合、打ち消したい内容を表す語句の前に**nicht**を置きます。

Die Torten schmecken **nicht** gut.
ケーキはよい味ではない。

Wir essen heute **nicht** viel.
私たちは今日、たくさん食べない。

練習問題に挑戦しよう

1 **下線部を指定された名詞に置き換え、文全体を書き換えてください。**

(→ 1 2)

(1) Das ist mein <u>Vater</u>. あれは私の父です。 ＊Mutter *f.* 母親

Mutter → ______________________________

(2) Paul verliert seine <u>Brille</u>. パウルは彼の眼鏡をなくす。

＊verliert < verlieren なくす Brille *f.* 眼鏡 Hut *m.* 帽子

Hut → ______________________________

(3) Welchen <u>Roman</u> liest du? 君はどの小説を読むの?

＊Märchen *n.* 童話

Märchen → ______________________________

(4) Dieses <u>Land</u> ist reich. この国は裕福だ。

＊Land *n.* / Länder *pl.* 国

Länder → ______________________________

2 **必要に応じて下線部を埋め、冠詞類の適切な形を完成させてください。**

(→ 1 2)

(1) Wir zeigen dein______ Sohn unser______ Auto.
私たちは君の息子に私たちの車を見せる。 ＊Sohn *m.* 息子 Auto *n.* 車

(2) Ich kenne all______ Leute hier.
私はここにいる人たちをみんな知っている。 ＊Leute *pl.* 人々

(3) Dies______ Uhr schenkt Maria ihr______ Tante.
この時計をマリアは彼女のおばにプレゼントする。

＊Uhr *f.* 時計 Tante *f.* おば

(4) Jed______ Programm ist sehr interessant.
どのプログラムもとてもおもしろい。

＊Programm *n.* プログラム interessant おもしろい

3 次の肯定文を否定文（全文否定）に書き換えてください。 (→ 3 +)

(1) Morgen kommen meine Eltern. 明日、私の両親が来ます。

＊Eltern *pl.* 両親

→ ______________________________

(2) Herr Meyer ist streng. マイヤーさんは厳格だ。 ＊streng 厳格な

→ ______________________________

(3) Hat Thomas Geschwister? トーマスにはきょうだいはいるの?

＊Geschwister *pl.* きょうだい

→ ______________________________

4 与えられた語句を適切な形に変え、ドイツ語文を完成させてください。

(→ 1 2 3) 🔈 A-57

(1) wer / putzen / Ihr / Wohnung

誰があなたのアパートを掃除するの?

＊putzen 掃除する　Wohnung *f.* アパート

____

(2) ich / haben / kein / Zeit

私は時間がない。 ＊Zeit *f.* 時間

____

(3) wie / heißen / dies- / Kind

この子は何という名前なの? ＊Kind *n.* 子ども

____

解答は189ページ

第6課

命令文・非人称表現

Komm! Es ist schon neun Uhr.

来て！ もう9時だよ。

これを学ぼう！

- □ 「命令文」というタイプの文があり、動詞は特定の形で使われる。
- □ 何も指さない代名詞esがあり、さまざまな表現で使われる。

これができる！

- □ 「～して！」、「～しないで！」といった依頼・命令ができるようになる。
- □ 天候、時刻、ヒトの調子などについて語ることができる。

文はふつう誰か・何かについて述べるものですが、誰か・何かをはっきり言わないときもあります。「来て！」のように、目の前の話し相手に何か頼む場合、「うー、寒い」、「もう夏だね」のように、何か・誰かを特定しようがない場合などです。そういうとき、動詞の形はどうするのでしょう？

ロードマップ

目の前の話し相手に何かを命令したり依頼したりするときの表現として「命令文」を見ておきます。話し相手との関係・話し相手の数によって、動詞の形が異なります。→ 1

天候や時刻、季節など、身の回りの状況全般に関して述べるときは、特に指し示すものがありません。そういう場合は、代名詞esを使います。主な用例を見ておきましょう。→ 2

何も指すことがない代名詞esは、よく使う言い回しにも含まれています。とりわけ重要な例を押さえておきましょう。→ 3

どんなやり取り？

外出時

A-58

A Komm! Es ist schon neun Uhr.

B Oh, warte kurz.
Ich bin gleich fertig.
Regnet es draußen?

A Nein, aber es gibt noch viel Schnee.

A：来て！　もう９時だよ。

B：うわ、ちょっと待って。すぐに用意ができるよ。
外は雨が降っているの？

A：ううん、でも、まだ雪がたくさんある。

語注　(*m.*：男性　*f.*：女性　*n.*：中性　*pl.*：複数)

☐ komm < kommen　来る　☐ schon　もう　☐ neun　9　☐ Uhr *f.*　～時
☐ warte < warten　待つ　☐ kurz　手短に・ちょっと　☐ fertig　用意のできた
☐ regnet < regnen　雨が降る　☐ draußen　外に・外で　☐ aber　でも
☐ es gibt　～がある　☐ Schnee *m.*　雪

この課のポイント

1 命令文

A-59

話し相手にある行為をするよう働きかける場合、「**命令文**」と呼ばれる文を使って表現することができます。話し相手との関係（**du**か**Sie**か）、話し相手の数（１人か２人以上か）に応じて、動詞の形は異なります。

◆ **du**に対する命令文では**動詞の語幹だけ**を使い、**ihr**に対する命令文では**動詞の語幹に語尾-tを足した形**を使います（動詞**sein**は例外）。

◆ **Sie**に対する命令文では、動詞の直後に必ず主語**Sie**を置きます。また、**動詞は主語Sieに合わせた形**です（動詞**sein**は例外）。

	kommen 来る	**warten** 待つ	**sprechen** 話す	**sein** ～である
duに対して	Komm!	Warte!	Sprich!	**Sei** ...!
ihrに対して	Komm**t**!	Warte**t**!	Sprech**t**!	**Seid** ...!
Sieに対して	Kommen Sie!	Warten Sie!	Sprechen Sie!	**Seien** Sie ...!

Warte kurz.　ちょっと待って。

Seien Sie ruhig!　静かにしてください！

Tipps

• 定形のとき語幹と語尾の間に母音**e**を足す動詞は、命令文でも**e**を足します。

例 warten（待つ）→ Warte! 待って！　[参照：er/sie/es wartet]

• ２人称単数と３人称単数で語幹中の母音**e**が**i/ie**に変わる動詞は、**du**に対する命令文でも母音が**i/ie**です。

例 sprechen（話す）→ Sprich! 話して！　[参照：er/sie/es spricht]

2 非人称のes

A-60

代名詞**es**には、特定のモノを指さない使い方があります。そういう使い方の**es**を「**非人称のes**」と言います。非人称の**es**が文の主語である場合、原則として動詞は3人称単数形です。

◆ 寒暖・明暗、時刻・季節を表す形容詞や名詞は、非人称の**es**と動詞**sein**との組み合わせで使われます。

寒暖・明暗

Es ist kalt. 寒い。

Heute ist **es** sehr heiß. 今日はとても暑い。

Ist **es** da noch warm? そこは、まだ暖かいの?

Hier ist **es** schon kühl. ここは、もう涼しい。

Draußen ist **es** dunkel. 外は暗い。

Oh! **Es** ist hell. うわ! 明るい。

時刻・季節

Es ist schon neun Uhr. もう9時だ。

Wie spät ist **es**? 何時ですか?

Es ist August. 8月だ。

Es ist Sommer. 夏だ。

◆ 天候を表す動詞は、主語が非人称の**es**に限られます。例として、**regnen**(雨が降る)、**schneien**(雪が降る)などがあります。

Regnet **es** draußen? 外は雨が降っているの?

Es schneit. 雪が降っている。

Es hagelt! ひょうが降っている!

3 非人称のesを含んだ慣用表現

A-61

非人称の**es**を主語とする慣用表現がいくつかあります。とりわけ使用頻度が高い重要表現として、存在を表す**es gibt ...**（〜がある）とヒトの調子を表す**es geht ...**（〜の調子は…だ）があります。

◆ **es gibt ...**　〜がある

何かの存在について述べる表現で、**存在物は4格の名詞**で表します。

Es gibt noch viel Schnee.　まだ雪がたくさんある。

Da **gibt es** einen Zoo.　そこに動物園がある。

Gibt es hier einen Bahnhof?　ここに駅はありますか?

◆ **es geht ...**　〜の調子は…だ

ヒトの調子について述べる表現で、**ヒトは3格の名詞・代名詞**で表します。

Es geht mir gut.　私は調子がよい。

Wie **geht es** Ihnen?　あなたの調子はいかがですか?

Wie **geht es** deiner Mutter?　君のお母さんの調子はどう?

Tipps

- 慣用表現**es gibt ... / es geht ...** では、主語としての**es**に合わせて、動詞**geben / gehen**は必ず3人称単数形です。

- 非人称の**es**が**gibt**や**geht**の後ろに置かれる場合、**es**の母音**e**が省略されて**gibt's, geht's**という形になることがあります。

Hier **gibt's** kein Wasser.　ここには水がない。

Wie **geht's** dir?　君の調子はどう?

「待って!」とか「寒い!」のように、とっさに何か言うとき、ドイツ語でも日本語でも何か・誰かを指すことがないというのは不思議ですね。「何がどうだ」とぶつくさ冷静に考える必要がない、という点が共通しているのかもしれません。いずれにしても、さらっとした一言は、ごく一般的な「何がどうだ」式の言い方が通用しなかったりするものです。表現上の特徴をよく覚えておきましょう。

✚もうひとがんばり!

A-62

◆ **Sie** に対する命令文で主語を **Sie** から **wir** に置き換えると、聞き手に対する話し手の「〜しましょう」といった勧誘や提案を表すことができます。

勧誘・提案 Gehen **wir** schnell!
急いで行きましょう!

命令・依頼 Gehen **Sie** schnell!
急いで行ってください!

勧誘・提案 Sprechen **wir** auf Deutsch!
ドイツ語で話しましょう!

命令・依頼 Sprechen **Sie** auf Deutsch!
ドイツ語で話してください!

勧誘・提案 Seien **wir** nicht so laut.
あまりうるさくしないようにしよう。

命令・依頼 Seien **Sie** nicht so laut.
あまりうるさくしないでください。

◆形容詞・名詞から成り、非人称の **es** を主語とする表現については、動詞 **sein**（〜である）の代わりに **werden**（〜になる）, **bleiben**（〜のままである）を使うこともできます。

Es **wird** Sommer. 夏になる。

Es **bleibt** dunkel. 暗いままだ。

1 次の語句を使い、カッコ内の間柄の話し相手に対する命令文を完成させてください。 (→1)

(1) Peter / rufen (Sie)　ペーターを呼んでください！

____

(2) nicht so viel / arbeiten (du)　あまりたくさん働かないで！

____

(3) Obst / essen (du)　果物を食べて！　＊Obst *n.* 果物

____

(4) gut / schlafen (ihr)　よく眠って！

____

(5) nicht nervös / sein (Sie)　神経質にならないでください！
＊nervös 神経質な

____

2 下線部を埋める上で適切な1語を枠内から選び、適切な形に変え、ドイツ語文を完成させてください。 (→2 3 +)

bleiben	geben	gehen	regnen	sein	werden

(1) Hier _________ es sehr oft.
ここはとてもよく雨が降る。

(2) Heute _________ es ihm nicht so gut.
今日、彼は調子があまりよくない。

(3) Es ________ schon dunkel.
もう暗くなる。

(4) Dort ________ es ein Hotel.
そこにホテルが1軒ある。 ＊dort そこ

(5) ________ es schon elf Uhr?
もう11時なの? ＊elf 11

(6) Wie lange ________ es heiß?
どのくらい暑いままなのだろう? ＊lange 長い間

3 与えられた語句を適切な形に変え、並び換えることにより、ドイツ語文を完成させてください。

(→ 2 3 ＋) A-63

(1) hier / geben / ein Sitzplatz / es　ここに座席が1つあります。
＊Sitzplatz *m.* 座席

____

(2) jetzt / Winter / sein / es　今は冬です。 ＊Winter *m.* 冬

____

(3) wir / Fußball / spielen　サッカーをしようよ!

____

解答は189ページ

第7課

前置詞

Heute gehen wir ins Theater.

今日、私たちは劇場に行くんだ。

これを学ぼう!

- □ さまざまな意味関係を表す「前置詞」がある。
- □ 前置詞ごとに、後ろの名詞は特定の格を持つ。

これができる!

- □ 空間関係、時間関係、因果関係などが表せるようになる。
- □ 動詞1語だけでは伝えきれない内容を補うことができるようになる。

「ご覧ください。丘の上に建物がありますね。煙突から煙が出ているでしょう。え、霧のせいでよく見えない? では、休憩のあと、この双眼鏡を使って……」のように、位置・方向・原因・時間・手段などなどを表す便利なアイテムを集めておきます。

ロードマップ

「前置詞」を使った「いつ・どこ・なぜ・どうやって」などに関する情報のつけ足し方を覚えましょう。前置詞ごとに、後ろに置かれる名詞の格が異なるので、それも合わせて覚える必要があります。→ 1

空間関係〈どこ〉には、場所〈どこで〉と方向〈どこへ〉の2通りがあります。その区別を、格の違いではっきりさせる前置詞が9つあります。どの前置詞も区別のしかたは同じです。どういう区別なのか見ておきましょう。→ 2

前置詞はほかの語の内容を補足するために出動することがあります。代表的な例を押さえておきましょう。→ 3

どんなやり取り?

バス乗り場で

A-64

A Wartest du auf deine Freundin?

B Ja. **Heute gehen wir ins Theater.** Aber sie ist noch im Bus. Wegen eines Autounfalls gibt es einen Stau.

A Oh. Hast du schon das Ticket für sie?

A：君はガールフレンドを待っているの?
B：うん。今日、私たちは劇場に行くんだ。
でも、彼女はまだバスの中にいるよ。
ある自動車事故のせいで、渋滞なんだ。
A：うわ。君はもう彼女用のチケットを持っているの?

語注 (*m.*：男性 *f.*：女性 *n.*：中性 *pl.*：複数 ...^{4}：4格の名詞・代名詞)

- ☐ wartest ... auf < auf ...^{4} warten ～を待つ
- ☐ Freundin *f.* 友だち[女性]・ガールフレンド
- ☐ ins < in + das ～の中に
- ☐ Theater *n.* 劇場
- ☐ im < in + dem ～の中で
- ☐ Bus *m.* バス
- ☐ wegen ～のせいで
- ☐ Autounfalls < Autounfall *m.* 自動車事故
- ☐ Stau *m.* 渋滞
- ☐ Ticket *n.* チケット
- ☐ für ～のために・～用に

1 前置詞の格支配

A-65

前置詞は、空間関係や時間関係など、さまざまな意味を表します。また、前置詞ごとに、その後ろの名詞・代名詞は特定の格で表されます。これを「**前置詞の格支配**」と言います。例えば、後ろが2格である場合は「**2格支配**」と言います。

◆ 2格支配の前置詞

statt ～の代わりに　**trotz** ～にもかかわらず　**während** ～の間
wegen ～のせいで

trotz des Sturms　嵐にもかかわらず　**während** der Ferien　休暇の間

Wegen eines Autounfalls gibt es einen Stau.
ある自動車事故のせいで、渋滞なんだ。

◆ 3格支配の前置詞

aus ～の中から　**bei** ～のところに・～の際に　**mit** ～と一緒に・～を用いて
nach ～へ［無冠詞の地名とともに］・～のあとで　**von** ～から・～の
zu ～へ

aus dem Saal　ホールの中から　**mit** dem Messer　ナイフを用いて

◆ 4格支配の前置詞

durch ～を通って　**für** ～のために　**gegen** ～に向かって・～に反対の
ohne ～なしで　**um** ～のまわりに・～時に

durch den Tunnel　トンネルを通って　**ohne** meine Hilfe　私の助けなしに

Hast du schon das Ticket **für** sie?
君はもう彼女用のチケットを持っているの？

2 3・4格支配の前置詞

A-66

以下の9つの前置詞は、意味によって3格と4格を使い分けます。

an 〜に接して	**auf** 〜の上に	**hinter** 〜の後ろに
in 〜の中に	**neben** 〜の横に	**über** 〜の上方に
unter 〜の下に	**vor** 〜の前に	**zwischen** 〜の間に

◆ ヒト・モノの位置や出来事の場所を表す場合は**3格**を使い、ヒト・モノの移動先や動作の方向を表す場合は**4格**を使います。

Das Buch liegt **auf** dem Tisch.
本は机の上に置いてある。［**3格**：本の位置］

Legen Sie das Buch **auf** den Tisch!
本を机の上に置きなさい！［**4格**：本の移動先］

Der Mann kocht **in** der Küche.
その男性はキッチンで料理している。［**3格**：料理する場所］

Der Mann geht **in** die Küche.
その男性はキッチンの中に入る。［**4格**：男性の移動先］

Der Mann schaut **in** die Küche.
その男性はキッチンの中を見る。［**4格**：見る方向］

Tipps

• 特定の前置詞と定冠詞の組み合わせは融合することがあります。

an dem → **am**	an das → **ans**	bei dem → **beim**
in dem → **im**	in das → **ins**	von dem → **vom**
zu dem → **zum**	zu der → **zur**	

Heute gehen wir **ins** Theater. 今日、私たちは劇場に行くんだ。

Sie ist noch **im** Bus. 彼女はまだバスの中にいるよ。

3 前置詞の熟語的用法

A-67

前置詞には、動詞や形容詞との組み合わせで特殊な意味を表す熟語的な使い方があります。どの前置詞を使うかは、個々の動詞や形容詞ごとに決まっています。

※…[3]は3格の名詞・代名詞、…[4]は4格の名詞・代名詞を表します。

◆ 動詞＋前置詞

an …[3] leiden ～に苦しむ　**nach …[3] fragen** ～を尋ねる

auf …[4] warten ～を待つ　**an …[4] denken** ～のことを考える

um …[4] bitten ～を頼む

Ich **denke** oft **an** meinen Großvater. ［男性4格］
私はよく祖父のことを考える。

Wartest du **auf** deine Freundin? ［女性4格］
君はガールフレンドを待っているの？

◆ 形容詞＋前置詞

reich an …[3] ～に富む　**zufrieden mit …[3]** ～に満足な

verantwortlich für …[4] ～に対して責任がある

Bist du **mit** deiner Arbeit **zufrieden**? ［女性3格］
君は自分の仕事に満足しているの？

Ich bin **für** das Projekt **verantwortlich.** ［中性4格］
私はその企画に対して責任がある。

Tipps

- 3・4格支配である前置詞も、熟語的な用法ではいずれか1つの格に限定されます。例えば、**denken**（考える）と結びつくときの前置詞**an**は必ず4格支配です。

前置詞ごとに格支配が異なるというのは面倒ですね。格支配が同じ前置詞同士には何かほかの点でも共通点があるのでしょうかね（いや、知りませんけど）。でも、共通点を探り出そうと見比べているうちに、ひとまず格支配は正しく暗記できるようになるかも（!?）。

✚もうひとがんばり！

A-68

◆前置詞と結びつく人称代名詞や疑問詞がモノ（もしくはコト）を表すときは、次の融合形を使います。前置詞の出だしが母音である場合は、**da/wo**の後ろに子音**r**を補います。

代名詞　：　**da[r]-** + 前置詞
疑問詞　：　**wo[r]-** + 前置詞

Wir fahren mit dem Bus.	私たちはバスで行きます。
– Ich fahre auch **damit**.	— 私もそれで行きます。
– **Womit** fahren Sie?	— 何を使って行くんですか?

Wir warten auf den Bus.	私たちはバスを待っています。
– Ich warte auch **darauf**.	— 私もそれを待っています。
– **Worauf** warten Sie?	— 何を待っているんですか？

• 前置詞と結びつく代名詞や疑問詞がヒトを表す場合、融合形は用いません。

Wir fahren mit unserem Lehrer.	私たちは先生と一緒に行きます。
– Ich fahre auch **mit ihm**.	— 私も彼と一緒に行きます。
– **Mit wem** fahren Sie?	— 誰と一緒に行くんですか?

Wir warten auf unseren Lehrer.	私たちは先生を待っています。
– Ich warte auch **auf ihn**.	— 私も彼を待っています。
– **Auf wen** warten Sie?	— 誰を待っているんですか?

練習問題に挑戦しよう

1 カッコ内の定冠詞（1格）を正しい形に変えてください。 （→1）

(1) Gehen wir durch ________ (der) Park.
公園を通って行こう。 ＊Park *m.* 公園

(2) Was machst du nach ________ (der) Unterricht?
君は授業のあと何をするの？ ＊machst < machen する　Unterricht *m.* 授業

(3) Während ________ (die) Pause reden wir oft.
休憩の間、私たちはよくしゃべる。 ＊Pause *f.* 休憩　reden しゃべる

(4) Kommen Sie morgen mit ________ (die) Eltern?
あなたは明日両親と一緒に来るのですか？

(5) Julia arbeitet bei ________ (die) Post.
ユリアは郵便局で働いている。 ＊Post *f.* 郵便局

(6) Wir sind gegen ________ (das) Projekt.
私たちはその企画に反対だ。

2 （ ）内の適切な語句を選んでください。 （→2）

(1) Hinter (meinem Haus / mein Haus) steht ein Baum.
私の家の後ろに1本の木が立っている。 ＊Baum *m.* 木

(2) Ich stelle die Flasche auf (dem Boden / den Boden).
私はその瓶を床の上に立てる。
＊stelle < stellen 立てる　Flasche *f.* 瓶　Boden *m.* 床

(3) Mein Vater bringt das Fahrrad vor (der Tür / die Tür).
父は自転車をドアの前へと運ぶ。 ＊bringt < bringen 運ぶ

(4) Die Sandalen liegen unter (dem Bett / das Bett).
サンダルはベッドの下に置いてある。 ＊Bett *n.* ベッド

(5) Hängen Sie bitte die Uhr an (der Wand / die Wand).
時計を壁に掛けてください。 ＊hängen 掛ける　Uhr *f.* 時計　Wand *f.* 壁

3 **適切な前置詞と疑問詞、もしくはその融合形を使って、下線部が答えとなる疑問文を完成させてください。** (→ 3 +)

(1) Laura fragt nach dem Weg.
ラウラは道を尋ねる。 ＊Weg *m.* 道

→ ______

(2) Herr Bayer denkt an die Frau.
バイヤー氏はその女性のことを考える。

→ ______

(3) Tim hat Angst vor Schlangen.
ティムは蛇が怖い。 ＊Angst *f.* 恐怖 Schlangen *pl.* 蛇

→ ______

4 **与えられた語句を適切な形に変えて、ドイツ語文を完成させてください。名詞は1格で表されています。** (→ 1) A-69

(1) Maria / kommen / aus / das Kino
マリアがその映画館の中から出てくる。 ＊Kino *n.* 映画館

______

(2) ich / singen / statt / die Sängerin
私はその歌手の代わりに歌う。 ＊Sängerin *f.* 歌手［女性］

______

(3) wir / diskutieren / ohne / der Professor
私たちはその教授抜きで議論する。 ＊diskutieren 議論する

______

解答は189ページ

第8課

接続詞

Ich komme heute nicht, weil ich einen Abgabetermin habe.

私は提出期限があるので、今日は行かないよ。

これを学ぼう！

- □ 文と文のつながりを表す接続詞や副詞がある。
- □ 接続詞には、後ろの文の語順に影響を与えるものがある。

これができる！

- □ 理由や条件などを表すことができるようになる。
- □ 文と文をつなげて、情報量を豊かにすることができる。

「だってさー」、「でもさー」、「それならさー」、「あるいはさー」、「あとさー」。そう。発言が重なるにつれ、どうしたって内容と内容との間につながりを持たせたくなるものです。でも、どうやって？　そりゃあ、やっぱり接着剤みたいな手段が要るのでは？

ロードマップ

文と文をつなぐ「接続詞」について見ていきます。はじめに、あらかじめ作っておいた２つの文をドッキングするようなタイプの接続詞を確認しましょう。具体例はたったの４つです。→ 1

接続詞の中には、自分がカバーする範囲をはっきりさせるかのように、後ろに続く文の動詞をいちばん端っこに置かせるものがあります。具体例はいろいろです。→ 2

文と文との間につながりを持たせるのは接続詞だけではありません。副詞の中にも、接続詞と同じような働きを持つものがあります。→ 3

どんなやり取り？

電話での会話

A-70

A Ich komme heute nicht, weil ich einen Abgabetermin habe. Entschuldige!

B Kein Problem. Dann sprechen wir am Wochenende. Hast du am Samstag oder am Sonntag Zeit?

A Einen Moment! Ich sage dir gleich, wann ich Zeit habe.

A：私は提出期限があるので、今日は行かないよ。許して！

B：問題ないよ。それなら、週末に話そう。君は土曜日か日曜日に時間はある？

A：ちょっと待って！ いつ時間があるか、すぐ君に言うよ。

語注 （*m.*：男性 *f.*：女性 *n.*：中性 *pl.*：複数）

- ☐ weil ～なので
- ☐ Abgabetermin *m.* 提出期限
- ☐ entschuldige < entschuldigen 許す
- ☐ Kein Problem. 問題ない。
- ☐ dann それなら
- ☐ Wochenende *n.* 週末
- ☐ Samstag *m.* 土曜日
- ☐ Sonntag *m.* 日曜日
- ☐ Einen Moment! ちょっと待って！
- ☐ sage < sagen 言う

1 並列接続詞

A-71

接続詞は文と文をつなぐ働きがあります。単独で完成している２つの文をつなぐ接続詞のことを「**並列接続詞**」と言います。

aber しかし　**und** そして　**oder** あるいは
denn というのも〜なのだ

Ich koche gern, **und** Paul kocht auch gern.
（und：並列接続詞）
私は料理が好きだ。そして、パウルも料理が好きだ。

Julia arbeitet in Köln, **und** ihre Schwester studiert in Bremen.
ユリアはケルンで働いている。そして、彼女の姉（妹）はブレーメンで学んでいる。

Du gehst, **oder** ich gehe.
君が出ていくか、あるいは、私が出ていくかだ。

Tim ist fleißig, **aber** sein Bruder ist faul.
ティムは勤勉だ。しかし、彼の兄（弟）は怠け者だ。

Michael schläft, **denn** er hat Fieber.
ミヒャエルは眠っている。というのも、彼は熱があるのだ。

Tipps

- 一部の並列接続詞には、文と文をつなぐだけでなく、語と語、句と句をつなぐ働きもあります。

Ich lerne Deutsch **und** Schwedisch.
私はドイツ語とスウェーデン語を学んでいる。

Hast du am Samstag **oder** am Sonntag Zeit?
君は土曜日か日曜日に時間はある?

2 従属接続詞

🔊 A-72

一部の接続詞は、その後ろに続く文の動詞が文末に置かれます。そうした文を導く接続詞のことを「**従属接続詞**」と言います。

als ～したとき　**dass** ～ということ　**damit** ～するように
indem ～することによって　**ob** ～かどうか　**obwohl** ～にもかかわらず
weil ～なので　**wenn** ～するとき・もし～ならば

Wir gehen in den Zoo, **wenn** das Wetter schön ist.
（wenn：従属接続詞）
天気がよければ、私たちは動物園に行く。

Die Kinder spielen draußen, **obwohl** es stark regnet.
雨が激しく降っているにもかかわらず、子どもたちは外で遊んでいる。

Ich denke, **dass** Herr Meyer aus München kommt.
私は、マイヤー氏はミュンヘン出身だと思う。

Wir wissen nicht, **ob** Luisa jetzt in der Schule ist.
私たちは、ルイーザが今、学校にいるかどうか知らない。

Tipps

- 動詞が文頭から2番目（もしくは決定疑問文のように文頭）に置かれる文を「主文」、動詞が文末に置かれる文を「副文」と言います。

（主文）Ich komme heute nicht, （副文）**weil** ich einen Abgabetermin habe.
私は提出課題があるので、今日は行かない。

- 副文は主文より前に置くことができます。その場合、後続する主文の先頭には動詞を置きます。

（副文）**Weil** ich einen Abgabetermin habe, （主文）**komme** ich heute nicht.
私は提出課題があるので、今日は行かない。

3 接続詞のような働きを持つ副詞

A-73

副詞の中には、接続詞と同じように、文と文とのつながりを表すものがあります。

daher それゆえ　**dann** それから・それなら　**deshalb** だから
folglich したがって　**sonst** さもなければ
trotzdem それにもかかわらず

Die Kinder haben keinen Hunger, **deshalb** essen sie den Kuchen nicht.
子どもたちは空腹ではない。だから、彼らはそのケーキを食べない。

Daniel ist müde, **trotzdem** arbeitet er lange.
ダニエルは疲れている。それにもかかわらず、彼は長時間働く。

Dann sprechen wir am Wochenende.
それなら週末に話そう。

Gehen wir schnell, **sonst** verpassen wir den Zug.
急いで行こう。さもないと、その列車を逃してしまうよ。

Tipps

- 接続詞のような働きを持つ副詞は、**heute**（今日）や**leider**（残念ながら）といったほかの副詞と同じように文の一要素を成すため、文頭に位置する場合、その後ろには動詞が置かれます。

Deshalb frühstücke ich allein.
だから、私はひとりで朝食をとる。

[参照：**Heute** frühstücke ich allein.]
今日、私はひとりで朝食をとる。

[参照：**Leider** frühstücke ich allein.]
残念ながら、私はひとりで朝食をとる。

文と文のつなぎ方にはおおむね3通りがあるということでした。語順の違いに深く関係しているので、どの接続詞・副詞のとき、文の動詞がどこに置かれるのか、よく整理しておきましょう。

✚もうひとがんばり！

A-74

◆補足疑問文は、**sagen**（言う）や**wissen**（知っている）などの動詞から成る別の文につなげる場合は副文扱いです（補足疑問文の動詞は文末に置かれます）。

Ich sage dir gleich, **wann** ich Zeit habe.
いつ時間があるか、すぐ君に言うよ。

Wissen Sie, **wo** Herr Neumann ist?
ノイマン氏がどこにいるか、あなたはご存じですか?

Wir wissen nicht, **wer** morgen kommt.
私たちは、誰が明日来るのか知らない。

Ich verstehe, **warum** die Kinder lachen.
私は、なぜ子どもたちが笑っているのか分かる。

◆2語以上の組み合わせで接続関係を表す場合もあります。

- **nicht ..., sondern ...** 〜でなく〜

Ich schwimme **nicht** heute, **sondern** morgen.
私は今日ではなく明日泳ぐ。

- **sowohl ... als auch** 〜も〜も

Ich schwimme **sowohl** heute **als auch** morgen.
私は今日も明日も泳ぐ。

- **nicht nur ..., sondern auch ...** 〜だけでなく〜も

Ich schwimme **nicht nur** heute, **sondern auch** morgen.
私は今日だけでなく明日も泳ぐ。

- **weder ... noch ...** 〜も〜もない

Ich schwimme **weder** heute **noch** morgen.
私は今日も明日も泳がない。

練習問題に挑戦しよう

1 カッコ内の接続詞と２つ目の文を組み合わせ、１つ目の文につなげてください。
（→ 1 2 ）

(1) Ich brauche einen Computer. / Ich habe kein Geld. (aber)
私はコンピューターが必要だ。でも、私はお金がない。
＊ Computer *m.* コンピューター

____

(2) Kommen Sie zu uns. / Sie haben Fragen. (wenn)
質問があれば、私たちのところにいらしてください。 ＊ Fragen *pl.* 質問

____

(3) Ich weiß nicht. / Thomas macht den Führerschein. (ob)
トーマスが免許証を取るのかどうか、私は知らない。
＊ macht < machen する・作る　Führerschein *m.* 免許証

____

2 下線部を埋める上で適切な接続詞を枠内から選び、ドイツ語文を完成させてください。
（→ 1 2 3 ）

damit　dann　deshalb　denn　trotzdem　weil

(1) Der Hund trinkt viel Wasser, ________ er hat Durst.
その犬はたくさん水を飲む。というのも、のどが渇いているのだ。
＊ Durst *m.* のどの渇き

(2) Peter hat morgen einen Test, ________ lernt er nicht.
ペーターは明日テストがある。それにもかかわらず、彼は勉強しない。
＊ Test *m.* テスト

(3) Ich kenne den Mann nicht, ________ grüße ich ihn nicht.
私はその男性を知らない。だから、彼にはあいさつしない。
＊ grüße < grüßen あいさつする

(4) Fahren wir mit dem Taxi, ________ wir den Zug erreichen.
その列車に間に合うように、タクシーで行こう。 ＊erreichen 間に合う

(5) Ich frühstücke im Hotel. ________ besichtige ich die Stadt.
私はホテルで朝食をとる。それから、私は街を見物する。
＊besichtige < besichtigen 見物する Stadt ***f.*** 街

(6) Wir machen keine Party, ________ das Wetter schlecht ist.
天気が悪いので、私たちはパーティーをしない。
＊Party ***f.*** パーティー schlecht 悪い

3 与えられた語句を適切な形に変え、並び換えることにより、ドイツ語文を完成させてください。 (→2 ➕) A-75

(1) ich / glauben / dass / er / arbeiten / in Kyoto
私は、彼が京都で働いているのだと思います。 ＊glauben 思う

____

(2) wissen / die Kinder / dort / machen / Sie / was
あなたは、子どもたちがそこで何をしているかご存じですか?

____

(3) der Fisch / sein / frisch / essen / nicht / ich / ihn
その魚は新鮮だけれど、私はそれを食べない。 ＊Fisch ***m.*** 魚

Obwohl ____

解答は190ページ

第9課

話法の助動詞

Heute muss ich für den Test lernen.

今日はテストのために勉強しないと。

これを学ぼう！

□ 可能・義務・許可などの意味合いを足す「話法の助動詞」がある。
□ 話法の助動詞を含む文と含まない文では、動詞の位置などが異なる。

これができる！

□ 自分の希望を伝えたり、話し相手の意向を確かめたりできるようになる。
□ 自分の推測を表すことができるようになる。

これまで、けっこう歩いてきましたね。「まだ進まなければならないの?」、「もう歩けない」、「休憩したい」、「休んでいい?」などなどの声が聞こえてきそうです。分かりました。では、そういう表現のしかたを確かめに行きましょう！（←結局、歩く）

ロードマップ

- 動詞と組み合わせて「～したい」「～できる」といった意味を足す「話法の助動詞」について見ていきます。文の語順や作り方がいくぶん変わってくるので、注意しましょう。→ 1
- 話法の助動詞がどういう意味を表すのか、個別に確認しましょう。数が多くないわりに、全体を押さえると、表現の幅がぐっと広がります。→ 2
- 話法の助動詞の一部、そして、助動詞としてのwerdenには、話し手の推測を表すという共通点があります。その使い方も見ておきましょう。→ 3

どんなやり取り？

学生寮の前で

A-76

A Darf ich jetzt zu dir kommen?
Ich möchte mit dir über unser Referat sprechen.

B Das geht leider nicht. **Heute muss ich für den Test lernen.**
Können wir morgen sprechen?

B Okay. Ich werde schon etwas schreiben.

A：今から君のところに行ってもいい？
私たちの発表について君と話したいんだけれど。

B：残念ながらそれはできないよ。今日はテストのために勉強しないと。
明日話すことはできる？

A：いいよ。もう何か書いておくね。

語注　（*m.*：男性　*f.*：女性　*n.*：中性　*pl.*：複数）

□ darf < dürfen ～してよい　□ möchte ～したい　□ Referat *n.* 発表
□ Das geht nicht. それはできない。そうはいかない。　□ leider 残念ながら
□ muss < müssen ～しなければならない　□ Test *m.* テスト
□ lernen 勉強する・習う　□ können ～できる　□ okay いいよ
□ werde < werden（助動詞として）～するつもりだ　□ etwas 何か　□ schreiben 書く

1 話法の助動詞

A-77

動詞と組み合わせることで「～できる」、「～しなければならない」、「～したい」などの意味合いを添える特定の表現があります。「**話法の助動詞**」と呼ばれ、6種類あります。

	dürfen ～してよい	**können** ～できる ～かもしれない	**mögen** ～が好きだ ～だろう	**müssen** ～しなければならない ～に違いない	**sollen** ～するように言われている	**wollen** ～するつもりだ
ich	darf	kann	mag	muss	soll	will
du	darf**st**	kann**st**	mag**st**	muss**t**	soll**st**	will**st**
er/sie/es	darf	kann	mag	muss	soll	will
wir	dürf**en**	könn**en**	mög**en**	müss**en**	soll**en**	woll**en**
ihr	dürf**t**	könn**t**	mög**t**	müss**t**	soll**t**	woll**t**
sie/Sie	dürf**en**	könn**en**	mög**en**	müss**en**	soll**en**	woll**en**

◆ 話法の助動詞は、主語によっては人称語尾を足します。

単数		複数	
ich	-（語尾なし）	wir	**-en**
du	**-st**	ihr	**-t**
er/sie/es	-（語尾なし）	sie/Sie	**-en**

◆ 話法の助動詞は、**sollen** を除き、単数形のとき**語幹の母音が変音**します。

不定詞	**dürfen**	**können**	**mögen**	**müssen**	**wollen**
ich, er/sie/es	darf	kann	mag	muss	will

◆助動詞とともに用いられる動詞のことを「**本動詞**」と言います。話法の助動詞があるとき、本動詞は不定形です。

Wir **wollen** nach Italien fahren.
（wollen：話法の助動詞　fahren：本動詞（不定形））

私たちはイタリアへ旅行するつもりだ。

Wir arbeiten viel.　私たちはたくさん働く。
（arbeiten：本動詞）

Wir **müssen** viel arbeiten.　私たちはたくさん働かなければならない。
（müssen：話法の助動詞　arbeiten：本動詞（不定形））

Die Kinder sind auch hier.　子どもたちもここにいる。
（sind：本動詞）

Die Kinder **dürfen** auch hier sein.　子どもたちもここにいてよい。
（dürfen：話法の助動詞　sein：本動詞（不定形））

◆話法の助動詞は、定動詞と同じ位置に置きます。本動詞は文末に置きます。

平叙文

Wir **können** morgen schwimmen.
私たちは明日泳げる。

補足疑問文

Wann **können** wir schwimmen?
私たちはいつ泳げるの?

決定疑問文

Können wir morgen schwimmen?
私たちは明日泳げるの?

◆話法の助動詞**mögen**から派生した形として**möchte**があります。「(できれば) ～したい」という話し手の控えめな希望を表します。

möchte　～したい

ich **möchte**	du **möchtest**	er/sie/es **möchte**
wir **möchten**	ihr **möchtet**	sie/Sie **möchten**

Ich **möchte** mit dir über unser Referat sprechen.
私たちの発表について君と話したいんだけれど。

2 話法の助動詞の種類と用法

A-78

話法の助動詞の基本的意味と用法は以下のとおりです。

◆ **dürfen** ～してよい［**許可**］

Darf ich jetzt zu dir kommen?
今から君のところに行ってもいい?

• 否定表現との組み合わせで「～してはいけない［**禁止**］」を表します。

Hier **dürfen** Sie nicht rauchen.
ここでは喫煙してはいけません。

◆ **können** ～できる［**可能**］

Mein Sohn **kann** schwimmen.
私の息子は泳ぐことができる。

Können wir morgen sprechen?
私たちは明日、話すことができる?

• 間接的に［**許可**］を表すことがあります。

Sie **können** jetzt nach Hause gehen.
あなたはもう家に帰っていいです。

◆ **mögen** ～が好きだ［**好み・嗜好**（しこう）］（**本動詞なし**）

Ich **mag** kein Gemüse.
私は野菜が好きではない。

Mögen Sie Basketball?
あなたはバスケットボールが好きですか?

Tipps

• **mögen**は、本動詞とともに使う用法もあります（p.96 3参照）が、「～が好きだ」という基本的な意味では単独で使われます。

◆ **müssen** 〜しなければならない・〜せざるを得ない［**義務・必然**］

Du **musst** deine Hausaufgaben machen.
君は宿題をしなければならない。

Heute **muss** ich für den Test lernen.
今日はテストのために勉強しないと。

Ich **muss** lachen.
私は笑わずにはいられない。

• 否定表現との組み合わせで「〜しなくてよい［**不必要**］」を表します。

Morgen **musst** du nicht kommen.
君は明日来る必要はない。

◆ **sollen** 〜するよう言われている・〜すべきだ［**他者の意志・主張**］

Ich **soll** dir helfen.
私は君を手伝うよう言われている。

Papa sagt, dass du kommen **sollst**.
パパがお前に、来なさいだって。

Man **soll** seine Eltern ehren.
（人は）両親を敬うべきである。

• 主語 **ich** の疑問文で「〜しましょうか？［**提案・申し出**］」を表します。

Soll ich das Fenster öffnen?
窓を開けましょうか?

• ［**他者の意志・主張**］という意味との関わりで「〜だそうだ［**伝聞**］」を表すこともあります。

Der Arzt **soll** reich sein.
その医師は裕福だそうだ。

◆ **wollen** 〜するつもりだ・〜したい［**主語の意志・主張**］

Ich **will** in Wien Musik studieren.
私はウィーンで音楽を学びたい。

• 主語 **wir** の疑問文で「〜しませんか？［**勧誘・提案**］」を表します。

Wollen wir in die Oper gehen?
オペラに行かない?

3 話し手の推量を表す助動詞の用法

A-79

話法の助動詞の一部は、話し手の推量を表すのにも使われます。

◆ **können** ～かもしれない

Tobias **kann** Hunger haben. トビーアスは空腹かもしれない。

◆ **mögen** ～だろう

Das **mag** falsch sein. それは間違っているだろう。

◆ **müssen** ～に違いない

Maria **muss** krank sein. マリアは病気に違いない。

助動詞としての**werden**も本動詞との組み合わせで話し手の推量を表します。話し手の意志や聞き手への指示を表すこともあります。

Er **wird** gerade im Büro sein.
彼はちょうど今、オフィスにいるのだろう。［**話し手の推量**］

Ich **werde** schon etwas schreiben.
もう何か書いておくね。［**話し手の意志**］

Du **wirst** deine Hausaufgaben machen.
君は宿題をするんだ。［**聞き手への指示**］

Tipps

- 助動詞としての**werden**と本動詞を組み合わせた形を「未来形」と言いますが、必ずしも未来のことを表すわけではありません。また、未来のことは、確定的である限り、一般に現在形を使って表します。

Im August **fliegen** meine Eltern nach Deutschland.
8月、私の両親はドイツに行く。

［**参照**：Im August **werden** meine Eltern nach Deutschland fliegen.］
8月、私の両親はドイツに行くだろう。

話法の助動詞は単に可能・義務・許可などを表すというだけではありません。「～してもらえる?」、「～していい?」のように確認したり、何かを断る際に「～しないと」のように理由を表したり、と、対人関係を円滑にする上でも活用できます。じっくり身につけないと。じっくり身につけてもらえますか?

もうひとがんばり!

A-80

◆一部の動詞には、ほかの動詞と組み合わせた助動詞的な使い方があります。代表的な例として **lassen**（置いておく・～させる）、**sehen**（～が見える）、**hören**（～が聞こえる）があります。それぞれほかの動詞（不定形）との組み合わせで次の意味を表します。

• **lassen** + 本動詞　～に～させる

Ich **lasse** ihn kommen.
私は彼を来させる。

［本動詞：Ich **lasse** die Brille hier.　私は眼鏡をここに置いておく。］

• **sehen** + 本動詞　～が～するのが見える

Ich **sehe** das Kind spielen.
私はその子が遊ぶのが見える。

［本動詞：Ich **sehe** eine Brücke.　私は橋が見える。］

• **hören** + 本動詞　～が～するのが聞こえる

Ich **höre** sie singen.
私は彼女が歌うのが聞こえる。

［本動詞：Ich **höre** ein Lied.　私は歌が聞こえる。］

Tipps

• 何かするよう仕向ける相手や、見たり聞いたりする対象は、それぞれ4格の名詞・代名詞で表します。

練習問題に挑戦しよう

1 カッコ内の話法の助動詞を適切な形に変えてください。 (→❶)

(1) ________ (dürfen) ich das Fenster öffnen?
窓を開けてもいいですか？

(2) Ihr ________ (müssen) unbedingt kommen.
君たちはどうしても来なければならない。 ＊unbedingt どうしても

(3) ________ (können) du Klavier spielen?
君はピアノを弾くことができる？ ＊Klavier spielen ピアノを弾く

2 枠内から適切な話法の助動詞を選んで、適切な形にした上でカッコ内の文と組み合わせ、日本語の内容に合うドイツ語文に書き換えてください。 (→❶❷❸)

dürfen	mögen	müssen	wollen	sollen

(1) 君は話す必要はない。(Du sprichst nicht.)

____

(2) あなたはすぐに返事するよう言われている。(Sie antworten gleich.)

____

(3) それは思い違いだろう。(Das ist ein Irrtum.) ＊Irrtum ***m.*** 思い違い

____

(4) レストランに行きませんか？(Gehen wir ins Restaurant?)

____

(5) 私たちは写真撮影をしてはいけないの？(Fotografieren wir nicht?)
＊fotografieren 写真撮影をする

____

3 [ ]内の指示にしたがって、以下の文を書き換えてください。 (→3＋)

(1) Es regnet morgen. 明日は雨が降る。
[助動詞werdenを使って「～だろう」という意味を加える]

→ ______________________________

(2) Er wartet hier. 彼はここで待つ。
[動詞lassenを使って「私たちは彼をここで待たせる」という文を作る]

→ ______________________________

(3) Ihr tanzt. 君たちは踊る。
[動詞sehenを使って「私は君たちが踊るのが見える」という文を作る]

→ ______________________________

4 与えられた語句を適切な形に変え、並び換えることにより、ドイツ語文を完成させてください。 (→123) A-81

(1) möchte / trinken / Sie / was
あなたは何を飲みたいですか？

____

(2) mögen / du / Jazz
君はジャズが好き？ ＊Jazz *m.* ジャズ

____

(3) müssen / das Kind / Fieber / haben
その子は熱があるに違いない。

____

解答は190ページ

第10課

分離動詞・非分離動詞

Stehst du morgen früh auf?

君は明日早起きするの?

これを学ぼう!

□ 「前つづり」を含んだ「分離動詞」、「非分離動詞」がある。
□ 特定の前つづりは、文の種類によって置かれる位置が異なる。

これができる!

□ 前つづりを含んだ動詞を使って、表現の幅を広げることができる。
□ 動詞のアクセントに関する理解を深めることができる。

いつの間にか中間地点、登山で言えば5合目です。これより先、両側に開けるような箇所があります。両方を合わせて1つの景観なので、どちらにも目を配ってください。あ、そうそう。動詞にも、それと似たような場合があります。

ロードマップ

「分離動詞」と呼ばれる種類の動詞があります。1語なのですが、「分離前つづり」と「基礎動詞」という2つの部分から成り立っています。2つがくっつくときと離れるときがあります。語順を押さえておきましょう。→ 1

分離動詞については、語順だけでなく、人称変化のしかたやアクセントについても注意点があります。見ておきましょう。→ 2

前つづりの中には、基礎動詞から離れることがないものもあります。語順について特に注意する必要はありませんが、人称変化のしかたやアクセントについて確認しておきましょう。→ 3

どんなやり取り?

友人との散歩

A-82

A Stehst du morgen früh auf?

B Ja, ich besuche meinen Onkel. Und der Zug fährt schon um acht Uhr ab.

A Ich verstehe. Wann kommst du in Bonn an?

B Um zwölf Uhr. Danach rufe ich dich gleich an.

A：君は明日早起きするの?

B：うん、私はおじを訪ねるんだ。
そして、列車は8時にもう出発するんだよ。

A：分かった。君はいつボンに到着するの?

B：12時だよ。そのあと、君にすぐ電話するね。

語注 （*m.*：男性　*f.*：女性　*n.*：中性　*pl.*：複数
「|」は分離前つづりと基礎動詞の境界を表す）

- ☐ stehst ... auf < auf|stehen 起きる
- ☐ früh 早く
- ☐ besuche < besuchen 訪ねる
- ☐ fährt ... ab < ab|fahren 出発する
- ☐ um ～時に
- ☐ acht 8
- ☐ kommst ... an < an|kommen 到着する
- ☐ zwölf 12
- ☐ danach そのあと
- ☐ rufe ... an < an|rufen 電話をする

この課のポイント

1 分離動詞と語順

A-83

動詞の中には、「**分離前つづり**」と「**基礎動詞**」という2つの部分から成るものがあります。そういう動詞のことを「**分離動詞**」と言います。

分離動詞		分離前つづり		基礎動詞
例 **auf|stehen**（起きる）	←	auf-	+	stehen
ab|fahren（出発する）	←	ab-	+	fahren
an|kommen（到着する）	←	an-	+	kommen
an|rufen（電話する）	←	an-	+	rufen

分離動詞は、語順に関して注意するべき点がいくつかあります。

◆ 主文では、基礎動詞だけを定動詞の位置に置き、分離前つづりを文末に置きます。

Leo **steht** früh **auf**. レオは早く起きる。 ［平叙文］

Wann **steht** Leo **auf**? レオはいつ起きるの？ ［補足疑問文］

Steht Leo früh **auf**? レオは早く起きるの？ ［決定疑問文］

Steh auf! 起きて！ ［命令文］

◆ 分離動詞を不定形で用いる場合は、分離前つづりと基礎動詞に分かれません。

Leo muss früh **aufstehen**.
レオは早く起きなければならない。

◆ 副文では、分離動詞全体を文末に置きます。

副文（dass Leo früh aufsteht）

Ich weiß, dass Leo früh **aufsteht**.
私は、レオが早く起きることを知っている。

2 分離前つづりと基礎動詞

A-84

分離前つづりには、さまざまな種類があります。前置詞や副詞などと同じ形で意味的に関連しているものもあります。

例 **ab|fahren**(出発する) [参照:「離脱」を表す ab- + fahren(乗り物で行く)]
an|rufen(電話する) [参照:「接触」を表す an- + rufen(呼ぶ)]
fern|sehen(テレビを見る) [参照:「遠方」を表す fern- + sehen(見る)]
mit|gehen(一緒に行く) [参照:「同伴」を表す mit- + gehen(行く)]
vor|schieben(前に押す) [参照:「前方」を表す vor- + schieben(押す)]

◆ そのほかの分離前つづりの例

aus- bei- ein- fort- her- hin- los- weg- zu-

◆ 分離動詞では、基礎動詞の部分だけが人称変化します。

例 **ab|fahren**(出発する) ich **fahre** ... ab du **fährst** ... ab
[基礎動詞:fahren(乗り物で行く) ich **fahre** du **fährst**]
vor|lesen(読み上げる) ich **lese** ... vor du **liest** ... vor
[基礎動詞:lesen(読む) ich **lese** du **liest**]

◆ 分離動詞のアクセントは必ず分離前つづりに置かれます。

auf|stehen ab|fahren an|kommen an|rufen

Stehst du früh auf? 君は明日早起きするの?

Der Zug fährt schon um acht Uhr ab.
列車は8時にもう出発する。

Wann kommst du in Bonn an? 君はいつボンに到着するの?

3 非分離動詞

🔈 A-85

前つづりの中には、基礎動詞から分離することがないものもあります。そういう前つづりのことを「**非分離前つづり**」と言います。非分離前つづりと基礎動詞との組み合わせから成る動詞のことを「**非分離動詞**」と言います。

◆ 非分離前つづりの例

be-　emp-　ent-　er-　ge-　miss-　ver-　zer-

🔈 Ich **be**suche meinen Onkel.　私はおじを訪ねる。

🔈 Ich **ver**stehe.　分かった（=私は理解する）。

◆ 非分離動詞では、基礎動詞の部分だけが人称変化します。

例 verstehen（理解する）　ich ver**stehe**　du ver**stehst**

[基礎動詞：stehen（立つ）　ich **stehe**　du **stehst**]

empfangen（迎える）　ich emp**fange**　du emp**fängst**

[基礎動詞：fangen（捕まえる）　ich **fange**　du **fängst**]

◆ 非分離前つづりはアクセントを担いません。非分離動詞のアクセントは基礎動詞のほうに置かれます。

🔈 Wann möchten Sie das bek**o**mmen?

あなたはそれをいつ手に入れたいですか?

[分離動詞：Wann möchten Sie **a**n|kommen? あなたはいつ到着したいですか?]

🔈 Kannst du das verst**e**hen?　君はそれを理解できる?

[分離動詞：Kannst du **au**f|stehen?　君は起きられる?]

前つづり、不思議な存在ですが、これがあるおかげで、動詞（基礎動詞）の種類はかなり抑えられています。もしan-やbe-がなかったら、an|kommen（到着する）やbekommen（手に入れる）の代わりに全然違う形の動詞を用意しなければなりません。それも、せっかくkommen（来る）と意味が似ているのに（どの場合も、誰か・何かが「来る」んでしょ?）。そう考えると、ありがたい存在でもあります。仲よくしてあげましょう。

✚もうひとがんばり！

A-86

◆分離動詞から成る文を否定する場合、否定の副詞**nicht**は分離前つづりよりも前に置きます。

Der Zug fährt **ab**.　その列車は出発する。

Der Zug fährt **nicht** **ab**.　その列車は出発しない。

◆一部の前つづりは、分離動詞にも非分離動詞にも使われます。同じ前つづりと基礎動詞から成っていても、分離動詞と非分離動詞とでは意味が異なります。

分離動詞として　**u**m|fahren（乗り物をぶつけて～を倒す）

非分離動詞として　umf**a**hren（よけて通る）

Ich fahre ein Verkehrsschild **u**m.
私は車をぶつけて交通標識をひっくり返す。

Ich umf**a**hre eine Schneewehe.
私は雪の吹きだまりをよけて通る。

分離動詞として　**ü**ber|setzen（船で渡す）

非分離動詞として　übers**e**tzen（翻訳する）

Der Fährmann setzt uns an das andere Ufer **ü**ber.
渡し守が我々を向こう岸へ渡す。

Ich übers**e**tze den deutschen Roman ins Japanische.
私はそのドイツ語小説を日本語に翻訳する。

1 カッコ内の動詞を使って文を完成させてください。 (→❶❷)

(1) Hier ________ ein Konzert ________. (stattǀfinden)
ここで、あるコンサートが開催される。
＊Konzert *n.* コンサート　stattǀfinden 開催される

(2) Wann ________ die Party ________ ? (anǀfangen)
そのパーティーはいつ始まるの？　＊anǀfangen 始まる

(3) Du ________ sehr müde ________. (ausǀsehen)
君はとても疲れているように見えるよ。　＊ausǀsehen ～に見える

(4) ________ Sie an dem Kurs ________ ? (teilǀnehmen)
あなたはその講座に参加しますか？　＊Kurs *m.* 講座　teilǀnehmen 参加する

(5) Paul! ________ das Dokument ________ ! (mitǀbringen)
パウル！　その書類を持って来て！
＊Dokument *n.* 書類　mitǀbringen 持って来る

2 指示に従い、以下の文を書き換えてください。 (→❶❷)

(1) Sabine sieht immer fern.　ザビーネはいつもテレビを見ている。
[助動詞wollenを使って「～したがる」という意味を加える]

____

(2) Du steigst hier um.　君はここで乗り換える。
＊steigst ... um < umǀsteigen 乗り換える
[助動詞müssenを使って「～しなければならない」という意味を加える]

____

(3) Hans räumt bald die Küche auf. ハンスはすぐにキッチンを片づける。

＊ räumt ... auf < auf|räumen 片づける　bald すぐに

［Ich denke, dass ...を使って「私は〜と思う」という意味を加える］

____

3 **与えられた語句を適切な形に変え、並び換えることにより、ドイツ語文を完成させてください。いずれの動詞も前つづりを含みます。また、二重下線は動詞のアクセント位置を示します。** (→❶❷❸) A-87

(1) vorhaben / eine Weltreise / ich

私は世界旅行を計画している。 ＊ vorhaben 計画する　Weltreise ***f.*** 世界旅行

____

(2) empfehlen / Sie / ihm / was

あなたは彼に何を勧めるのですか？

____

(3) zumachen / Sie / das Fenster

その窓を閉めてください！　＊ zumachen 閉める　Fenster ***n.*** 窓

____

(4) verlassen / Berlin / ich

明日、私はベルリンを去る。　＊ verlassen 去る

Morgen ______________________________

(5) wann / wieder / zurückkommen / du

君はいつまた戻って来るの？

＊ wieder 再び・また　zurückkommen 戻って来る

____

解答は190ページ

第11課

再帰代名詞・不定代名詞

Setz dich!

座りなよ!

これを学ぼう!

□ 主語と同じヒト・モノを指すときには「再帰代名詞」を使う。
□ 特定のヒト・モノを指さない「不定代名詞」がいくつかある。

これができる!

□「自分のため」と「誰かほかの人のため」との区別が表現できる。
□ 一般論や「誰か・何か」がはっきりしない場合について語れるようになる。

「彼は自分を責めている」のように「自分自身」のことを指したいとき、あるいは「彼は誰かを・何かを責めている」のようにはっきりこれとは特定できないようなヒト・モノを指したいときはどうすればよいのでしょう?

ロードマップ

- 主語と同じヒト・モノを指す「再帰代名詞」があります。人称代名詞と形が同じ場合もありますが、形が違う場合もあります。「自分自身に」、「自分自身を」の表し方を主語別に押さえておきましょう。→ 1
- 再帰代名詞は、自分自身のことを指すためだけに使うわけではありません。再帰代名詞と動詞との組み合わせでひとまとまりの意味を表す「再帰動詞」が数多くあります。代表的な例を見ておきましょう。→ 2
- 代名詞と言えば、ヒト全般や、正体がはっきりしないヒト・モノを指す「不定代名詞」がいくつかあります。「誰か」とか「何か」を表すのに幅広く使いますので、覚えておきましょう。→ 3

どんなやり取り?

レストランでの同窓会

B-01

A Hallo, Max!
Setz dich!
Und bestell dir etwas!

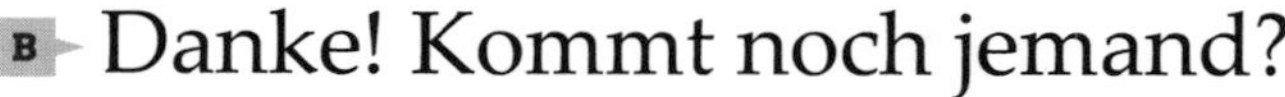

B Danke! Kommt noch jemand?

A Ja. Wir warten auf Peter,
aber sein Zug verspätet sich.

B Oh. Da kann man nichts machen.

A：やあ、マックス! **座りなよ!** そして、自分用に何か注文して!

B：ありがとう! まだ誰か来るの?

A：うん。私たちはペーターを待っている。
だけど、彼の列車は遅れているんだ。

B：うわ。それなら、何もできないね。

語注 (*m.*：男性 *f.*：女性 *n.*：中性 *pl.*：複数 sich^4：4格の再帰代名詞)

- ☐ setz dich < sich^4 setzen 座る
- ☐ bestell < bestellen 注文する
- ☐ jemand 誰か
- ☐ verspätet sich < sich^4 verspäten 遅れる
- ☐ da それなら
- ☐ man 人(一般)
- ☐ nichts 何も〜ない

1 再帰代名詞の種類と用法

B-02

主語と同じヒト・モノを指す代名詞を「**再帰代名詞**」と言います。再帰代名詞には3格と4格の2種類があります。

※**sich**³, **sich**⁴はそれぞれ3格の再帰代名詞、4格の再帰代名詞を表します。

	単数			複数		
	1人称 ich	2人称 du	3人称 er/sie/es	1人称 wir	2人称 ihr	3人称 sie
3格	mir	dir	**sich**	uns	euch	**sich**
4格	mich	dich	**sich**	uns	euch	**sich**

Maria schminkt **sich**[4]. マリアは（自分に）化粧をする。

Darf ich **mich** vorstellen? 私は自己紹介してもいいですか？

Der Tänzer ist nicht mit **sich**[3] zufrieden.
そのダンサーは自分自身に満足していない。

Tipps

- 1人称と2人称の再帰代名詞は人称代名詞と同じ形です。
- 3人称（**er/sie/es,** 複数 **sie**）と敬称2人称（**Sie**）の場合、再帰代名詞として **sich** を使います。

Julia ist mit Sabine im Café und bestellt **sich**[3] einen Tee.
ユリアはザビーネと一緒に喫茶店にいて、自分用にお茶を注文する。

[参照: Julia ist mit Sabine im Café und bestellt **ihr** einen Tee.]
ユリアはザビーネと一緒に喫茶店にいて、彼女にお茶を注文してあげる。

- 2格の再帰代名詞は人称代名詞と同じ形です。現在ではほとんど使われません。

2 再帰動詞

B-03

再帰代名詞との組み合わせでひとまとまりの意味を表す動詞があります。「**再帰動詞**」と言います。
※…^{4}は4格の名詞・代名詞を表します。

◆ 4格の再帰代名詞と結びつく再帰動詞の例

sich^4 ändern 変わる　**sich^4 beeilen** 急ぐ
sich^4 setzen 座る　**sich^4 verspäten** 遅れる

Ich muss **mich** beeilen.　私は急がなければならない。
Setz **dich**!　座りなよ！
Sein Zug verspätet **sich^4**.　彼の列車は遅れている。

◆ 3格の再帰代名詞と結びつく再帰動詞の例

sich^3 …^{4} an|sehen ～をじっくり見る
sich^3 …^{4} vor|stellen ～を想像する

Ich sehe **mir** ein Gemälde an.　私はある絵画をじっと見る。

Kannst du **dir** das vorstellen?　君はそれを想像できる?

Tipps

- 再帰動詞は、特定の前置詞と結びつくものが多くあります。結びつく前置詞によって意味が変わる再帰動詞もあります。

sich^4 auf …^{4} freuen（～を楽しみに待つ）
Ich freue **mich** auf die Reise.　私はその旅行が楽しみだ。

sich^4 über …^{4} freuen（～をうれしく思う）
Ich freue **mich** über den Brief.　私はその手紙をもらってうれしい。

sich^4 an …^{4} erinnern（～を覚えている）
Erinnerst du **dich** an mich?　君は私のことを覚えている?

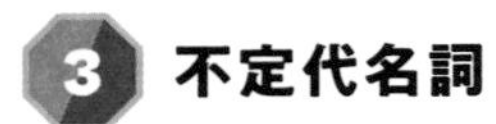

3 不定代名詞

B-04

不特定のヒトやモノ・コトを表す代名詞がいくつかあります。どれも「**不定代名詞**」と言います。

	人(一般)	誰か	誰も～ない	何か	何も～ない
1格	man	jemand	niemand	etwas	nichts
2格	(eines)	jemand(e)s	niemand(e)s	–	–
3格	einem	jemand(em)	niemand(em)	etwas	nichts
4格	einen	jemand(en)	niemand(en)	etwas	nichts

◆ 不定代名詞のうち、**man, jemand, niemand**は格に応じて形が変化します。ただし、**jemand, niemand**の語尾は話しことばでは割愛されることがあります。一方、**etwas, nichts**については、格に応じた形の変化はありません。

Ist da **jemand**? そこに誰かいるの? [1格]

Kennst du hier **jemanden**? 君はここでは誰か知っている? [4格]

Ich helfe **niemandem**. 私は誰も手伝わない。 [3格]

Bestell dir **etwas**! 何か注文して! [4格]

Ich trinke **nichts**. 私は何も飲まない。 [4格]

◆ 不定代名詞が主語の場合、動詞は3人称単数形です。

◆ ヒト全般に当てはまることを述べるときには**man**を使います。くり返す必要がある場合は、そのつど**man**を使います。

In Japan isst **man** oft Reis. 日本ではよくお米を食べる。

Da kann **man** nichts machen. それなら、何もできないね。

Wenn **man** müde ist, kann **man** nicht gut arbeiten.
疲れているときは、よく仕事をすることができない。

再帰代名詞を使った表現、いろいろありますね。それどころか、再帰代名詞と一緒でなければ使うことができない動詞もあります。再帰動詞sich^4 beeilen（急ぐ）などがそうで、再帰代名詞抜きで使ったり、ほかの代名詞と組み合わせたり、といったことがありません。なので、「急いでください！」という場合は必ずBeeilen Sie sich! ですし、「誰か急いでいる」はJemand beeilt sichです。どんなに急いでいるときも、sichを省かないように注意してください。

✚もうひとがんばり！

B-05

◆再帰代名詞には「お互い」を表す用法もあります。

Die Kinder kennen **sich**^{4} gut.
その子どもたちはお互いをよく知っている。

Wir helfen **uns**^{3} manchmal.
私たちはときどき助け合っている。

◆ヒトの身体部位に向けた行為を表す場合、ヒトは3格の名詞・代名詞を使って表現します。自分自身の身体に向けた行為を表す場合は、3格の再帰代名詞を使って「自分の～」を表現します。

Mein Vater wäscht **mir** den Kopf.
父は私の頭を洗ってくれる。

Mein Vater wäscht **sich**^{3} den Kopf.
父は（自分の）頭を洗う。

Ich putze **mir** die Zähne.
私は（自分の）歯を磨く。

◆主語にあたる不定代名詞はどれも3人称であり、それに合わせた再帰代名詞は**sich**です。

Etwas ändert **sich**^{4}.
何かが変わる。

Das kann man **sich**^{3} gut vorstellen.
それはよく想像できる。

Hier sieht man **sich**^{4} oft.
ここではお互い会うことが多い。

練習問題に挑戦しよう

1 下線部に適切な再帰代名詞を記入してください。 (→ 1 +)

(1) Kannst du ________ vorstellen?
自己紹介してくれる?

(2) Was kaufst du ________ ?
君は自分用に何を買うの?

(3) Sie müssen ________ die Hände waschen.
あなたは手を洗わなければなりません。 ＊Hände ***pl.*** 手

(4) Jürgen und Hanna lieben ________ .
ユルゲンとハンナは愛し合っている。

(5) Ich kann ________ auf dem Foto erkennen.
私は写真で自分を見分けることができる。 ＊erkennen 見分ける

2 枠内から不定代名詞を選んだ上で、必要に応じて適切な形に変化させ、下線部に記入してください。 (→ 3)

man	jemand	niemand	etwas	nichts

(1) Hat ________ Fragen?
誰か質問はありますか?

(2) Hier spricht ________ nur Deutsch.
ここではドイツ語しか話しません。

(3) Ich höre ________ , aber ich sehe ________ .
私は何か聞こえるけれど、何も見えない。

(4) Wir laden ________ ein.
私たちは誰も招待しません。 ＊ein|laden 招待する

3 主語に合わせて、再帰代名詞を書き換えてください。 (→❶❷)

(1) Ich kümmere mich um die Katze. 私はその猫を世話する。

＊ sich[4] um ...[4] kümmern ～を世話する

→ Leo kümmert ________ um die Katze.

(2) Wir freuen uns auf die Party. 私たちはパーティーが楽しみだ。

→ Ich freue ________ auf die Party.

(3) Du musst dir das gut ansehen. 君はそれをよく見なければならない。

→ Ihr müsst ________ das gut ansehen.

4 与えられた語句を適切な形に変え、並べ換えることにより、ドイツ語文を完成させてください。名詞は1格で表されています。 (→❷❸) B-06

(1) sich[4] für ...[4] interessieren / der Film / ich

私はその映画に興味があります。

＊ sich[4] für ...[4] interessieren ～に興味がある Film *m.* 映画

____

(2) gehen / zu / jemand / du

君は誰かのところに行くの？

____

(3) sich[4] beeilen / müssen / wir

私たちは急がなければならない。

____

解答は190～191ページ

第12課

現在完了形

Ich habe mit meiner Frau Tennis gespielt.

妻とテニスをしたよ。

これを学ぼう！

□ 「現在完了形」の作り方と語順を身につける。
□ 動詞の「過去分詞」の作り方を整理する。

これができる！

□ 過去の状況や出来事について伝えられるようになる。
□ 話し相手に対して、何をしたか・何があったか、尋ねられるようになる。

これまで、ドイツ語の基本事項をいろいろとご紹介します……じゃなかった、ご紹介しました。でも、「します」と「しました」の区別のしかたについてはまだでしたね。というわけで、過去の事柄をどう表すかに関してです。

ロードマップ

過去の事柄の表し方として「現在完了形」があります。現在完了形の文は、「完了の助動詞」と動詞の「過去分詞」を組み合わせて作ります。語順についてもいくつか決まりがあります。要点を押さえておきましょう。→ 1

現在完了形の文の作り方を押さえたら、今度は動詞ごとに過去分詞をどのように作ればよいのか見ておきましょう。作り方が規則的な場合と規則的でない場合があります。→ 2

次は、完了の助動詞についてです。完了の助動詞は２種類あります。どういう場合にどの完了の助動詞を使うのか、その区別のしかたを確認しておきましょう。→ 3

どんなやり取り?

近所の知り合い同士の会話

B-07

A Was hast du gestern gemacht?

B Ich habe mit meiner Frau Tennis gespielt.

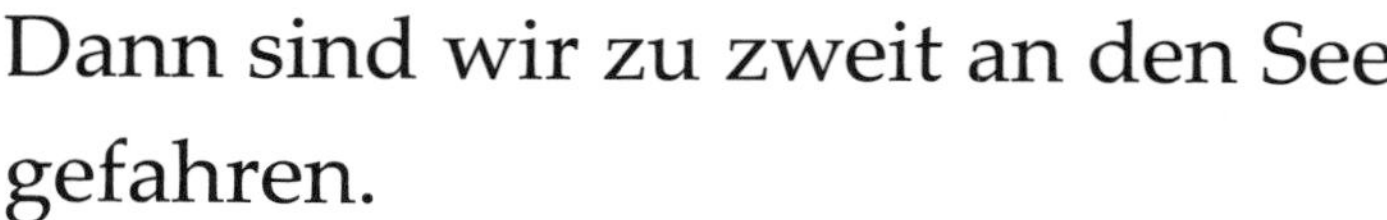
Dann sind wir zu zweit an den See gefahren.

A Ist dein Sohn nicht mitgekommen?

B Nein, er hat allein zu Hause ferngesehen.

A：君は昨日何をしたの?

B：妻とテニスをしたよ。それから、私たちは2人で湖に出かけたよ。

A：君の息子は一緒に行かなかったの?

B：うん。彼はひとり自宅でテレビを見ていたよ。

語注 (*m.*：男性 *f.*：女性 *n.*：中性 *pl.*：複数)

- ☐ gestern 昨日
- ☐ gemacht < machen する・作る
- ☐ Frau *f.* 妻・女性
- ☐ Tennis *n.* テニス
- ☐ gespielt < spielen (球技を)する
- ☐ zu zweit 2人で
- ☐ See *m.* 湖
- ☐ gefahren < fahren 乗り物で行く
- ☐ mitgekommen < mit|kommen 一緒に来る・一緒に行く
- ☐ allein ひとりで
- ☐ zu Hause 自宅で
- ☐ ferngesehen < fern|sehen テレビを見る

この課のポイント

1 現在完了形の作り方

B-08

過去の事柄の表し方として「**現在完了形**」があります。現在完了形は「**完了の助動詞**」と動詞の「**過去分詞**」の2語を組み合わせて作ります。

◆ 完了の助動詞は、定動詞と同じ位置に置きます。過去分詞は文末に置きます。

Ich habe mit meiner Frau Tennis **gespielt**. ［平叙文］
（habe：完了の助動詞／gespielt：過去分詞）
私は妻とテニスをした。

Was hast du gestern **gemacht**? ［補足疑問文］
君は昨日何をしたの?

Ist dein Sohn nicht **mitgekommen**? ［決定疑問文］
君の息子は一緒に行かなかったの?

◆ 完了の助動詞には**haben**と**sein**の2通りがあります（p.120 3参照）。大半の動詞は、完了の助動詞として**haben**を使います。

◆ 完了の助動詞は主語に合わせて形が変わります。変化のしかたは、動詞としての**haben, sein**と同じです。

例 haben → Ich **habe** gespielt.（spielen） 私は遊んだ。 Er **hat** gelacht.（lachen） 彼は笑った。

sein → Sie **ist** gekommen.（kommen） 彼女は来た。 Wir **sind** gelaufen.（laufen） 私たちは走った。

Tipps

• 副文では、完了の助動詞を文末に置きます。

Ich weiß, dass Tim Mathe gelernt **hat**.（dass Tim Mathe gelernt hat：副文）
私は、ティムが数学を勉強したことを知っている。

2 過去分詞の作り方

過去分詞の基本的な作り方には、以下の3通りがあります。

◆ 規則的な作り方

語幹を **ge-** と **-t** で囲む作り方で、語幹は、不定詞の語幹と同じです。語幹に母音 **e** を補う場合があります。

例 sagen（言う） → **ge**sag**t**
machen（する・作る） → **ge**mach**t**
warten（待つ） → **ge**warte**t**

◆ 不規則な作り方（2パターン）

- 語幹を **ge-** と **-en** で囲む作り方で、語幹は、不定詞の語幹と異なる場合があります。

例 fahren（乗り物で行く） → **ge**fahr**en**
schlafen（眠る） → **ge**schlaf**en**
gehen（行く） → **ge**gang**en**
finden（見つける） → **ge**fund**en**

- 語幹を **ge-** と **-t** で囲む作り方で、語幹は不定詞の語幹と異なります。

例 bringen（持って行く） → **ge**brach**t**
brennen（燃える） → **ge**brann**t**
rennen（走る） → **ge**rann**t**

Tipps

- 分離動詞の過去分詞は、基礎動詞の過去分詞に分離前つづりを足した形です。

例 fern|sehen（テレビを見る） → fern|**gesehen**
[基礎動詞：sehen（見る） → **gesehen**]
mit|kommen（一緒に来る） → mit|**gekommen**
[基礎動詞：kommen（来る） → **gekommen**]

3 完了の助動詞の使い分け

🔊B-09

一部の動詞は完了の助動詞として**sein**を使用します。いずれも4格目的語を持たない動詞で、大きく分けると3通りあります。

🔊 Dann **sind** wir zu zweit an den See **gefahren**.
（sind：完了の助動詞　gefahren：過去分詞）

それから、私たちは2人で湖に出かけたよ。

🔊 **Ist** dein Sohn nicht **mitgekommen**?

君の息子は一緒に行かなかったの?

◆ 位置の変化（移動）を表す … ❶

例 gehen（行く）　kommen（来る）　fahren（乗り物で行く）　laufen（走る）　fliegen（飛ぶ）　fallen（落ちる）　mit|kommen（一緒に行く）　など

◆ 状態の変化・発生を表す … ❷

例 werden（〜になる）　sterben（死ぬ）　geschehen（生じる）　ein|schlafen（眠り込む）　など

◆ そのほかの特定の動詞 … ❸

例 sein（〜である）　bleiben（〜のままである）　など

Tipps

- 動詞が完了の助動詞として**sein**をとることを「**sein支配**」と言います。完了の助動詞として**haben**をとることは「**haben支配**」と言います。
- 4格目的語を持つ動詞を「**他動詞**」と言います。一方、4格目的語を持たない動詞は「**自動詞**」と言います。
- 他動詞は**haben**支配であり、自動詞の一部だけが**sein**支配です。

▼ **haben と sein の使い分けチャート**

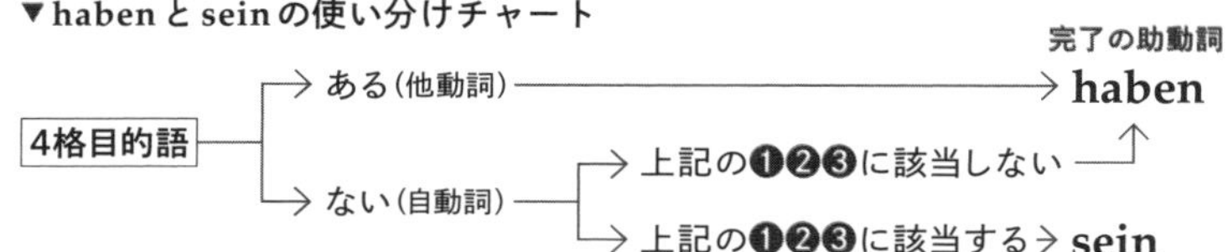

はい、ようやく過去の事柄の表し方を紹介しました。完了の助動詞を足す、ということは、現在形を使った「～します」に対して現在完了形を使った「～しました」では、必ず1語多くなるわけですね。その1語はhabenなのかseinなのか。隣のページのチャートを参照しながら、確認してください。

もうひとがんばり！

◆非分離動詞（**besuchen, verstehen**など）や**-ieren**で終わる動詞（**studieren, kopieren**など）といった、語頭にアクセントが置かれない動詞の場合、過去分詞には**ge-**をつけません。

例 besuchen（訪れる） → besucht
verstehen（理解する） → verstanden
studieren（研究する） → studiert
kopieren（コピーする） → kopiert

◆非分離動詞の過去分詞は、基礎動詞の過去分詞のうち**ge-**を非分離前つづりに置き換えることで作ることができます。不定詞と過去分詞が結果的に同じ形という場合もあります。

例 **ver**kaufen（売る） → **ver**kauft
[基礎動詞：kaufen（買う） → **ge**kauft]
besuchen（訪れる） → **be**sucht
[基礎動詞：suchen（探す） → **ge**sucht]
entdecken（発見する） → **ent**deckt
[基礎動詞：decken（覆う） → **ge**deckt]
erfinden（発明する） → **er**funden
[基礎動詞：finden（見つける） → **ge**funden]
empfangen（迎える） → **emp**fangen
[基礎動詞：fangen（捕まえる） → **ge**fangen]

1 ある動詞の変化パターンを参考に、別の動詞を同じパターンで過去分詞に変化させてください。語幹が変化する場合は、その変化のしかたも同じです。

(→2)

	不定詞			過去分詞
(1)	kochen	(料理する)	→	gekocht
	schicken	(送る)	→	＿＿＿＿
(2)	singen	(歌う)	→	gesungen
	trinken	(飲む)	→	＿＿＿＿
(3)	bringen	(運ぶ)	→	gebracht
	denken	(考える)	→	＿＿＿＿
(4)	brennen	(燃やす)	→	gebrannt
	nennen	(名づける)	→	＿＿＿＿
(5)	informieren	(知らせる)	→	informiert
	operieren	(手術する)	→	＿＿＿＿

2 カッコ内の過去分詞を使って、以下の文を現在完了形に書き換えてください。

(→13)

(1) Ich suche mein Handy.　私は自分の携帯電話を探す。

＊Handy *n.* 携帯電話

(gesucht) → ＿＿＿＿＿＿＿＿＿＿＿＿＿＿＿＿

(2) Sicher liest er das Buch.　きっと彼はその本を読むだろう。

(gelesen) → ＿＿＿＿＿＿＿＿＿＿＿＿＿＿＿＿

(3) Fährt Peter nach Berlin?　ペーターはベルリンに行くの?

(gefahren) → ＿＿＿＿＿＿＿＿＿＿＿＿＿＿＿＿

(4) Was sagt Thomas? トーマスは何を言っているの?
(gesagt) → ______________________________

(5) Mein Sohn steht heute früh auf. 私の息子は今日早く起きる。
(aufgestanden) → ______________________________

3 与えられた語句を適切な形に変え、必要な語句を補って、ドイツ語文を完成させてください。 (→ 1 3) B-10

(1) geschrieben (< schreiben) / Brief
今日、私は手紙を1通書いた。 ＊Brief ***m.*** 手紙

Heute ______________________________

(2) wo / gefunden (< finden) / das
君はどこでそれを見つけたの?

____

(3) Bus / abgefahren (< abfahren) / schon
そのバスはもう出発した。 ＊Bus ***m.*** バス

____

(4) unser / Chefin / krank / geworden (< werden)
私たちの上司は病気になった。 ＊Chefin ***f.*** 上司[女性]

____

解答は191ページ

第13課

過去形

Ich war im Konferenzzimmer.

私は会議室にいたよ。

これを学ぼう！

□ 過去の事柄の表し方として「過去形」がある。
□ 過去形は、主語に合わせて形が変わる。

これができる！

□ 「～があった」、「～にいた」などの基本的な過去表現ができる。
□ 話法の助動詞を使った「～できた」のような過去表現ができる。

「かつて、ここには人里がありました。あと、さっき出版社から電話がありました」。え？　どっちも過去のことだけど、なんか違わない？　はい。過去の事柄の表し方には「現在完了形」とは別に「過去形」というものがあります。動詞によっては過去形のほうをよく使うので、チェックしておきましょう。

ロードマップ

「過去形」と呼ばれる動詞の形を見ていきます。まずは、「過去基本形」といって、どんな主語のときにも必ず共通する部分があるので、その作り方を確認しておきます。→ 1

主語によっては、過去基本形にさらに語尾を足すことがあります。語尾の足し方はどの動詞も同じです。主語別に押さえておきましょう。→ 2

過去形の作り方を押さえたところで、どんなときに過去形を使うのか見ておきます。事情は込み入っていますが、ひと握りの数だけでも過去形は覚えておいてください。そう、この隣のページに出てくるような過去形は。→ 3

どんなやり取り?

オフィスにて

B-11

A Wo warst du? Ich konnte dich nicht finden.

B **Ich war im Konferenzzimmer.** Ich hatte eine Besprechung mit meinem Chef.

A Musstet ihr lange diskutieren?

B Nein. Der Chef wollte einfach viel reden!

A：どこにいたの？　君を見つけることができなかったよ。

B：**私は会議室にいたよ。**上司との話し合いがあったんだ。

A：君たちは長時間、議論しなければならなかったの？

B：いや。上司が単にたくさん話したがっていたんだ！

語注　（***m.***：男性　***f.***：女性　***n.***：中性　***pl.***：複数）

- □ warst, war < sein ～である・～にいる
- □ konnte < können ～できる
- □ Konferenzzimmer ***n.*** 会議室
- □ hatte < haben ～を持つ・～がある
- □ Besprechung ***f.*** 話し合い
- □ Chef ***m.*** 上司［男性］
- □ musstet < müssen ～しなければならない
- □ lange 長い間
- □ diskutieren 議論する
- □ wollte < wollen ～したい
- □ einfach 単に
- □ reden 話す・しゃべる

この課のポイント

1 過去基本形の作り方

過去形は主語によって形が異なりますが、どの主語の場合にも共通する「**過去基本形**」という部分があります。過去基本形の作り方には、以下の3通りがあります。

◆規則的な作り方

不定詞の語幹に **-te** を足します。語幹に母音 **e** を補う場合があります。

例 sagen（言う） → sag**te**

machen（作る・する） → mach**te**

warten（待つ） → wart**ete**

◆不規則な作り方（2パターン）

• 語幹のみから成る作り方で、不定詞の語幹とは異なります。

例 fahren（乗り物で行く） → fuhr

schlafen（眠る） → schlief

gehen（行く） → ging

finden（見つける） → fand

• 語幹に **-te** を足す作り方で、不定詞の語幹とは異なります。

例 bringen（持って行く） → brach**te**

brennen（燃える） → brann**te**

rennen（走る） → rann**te**

Tipps

• 話法の助動詞にも過去形があります。過去基本形は以下のとおりです。

不定詞	**dürfen**	**können**	**mögen**	**müssen**	**sollen**	**wollen**
過去基本形	durfte	konnte	mochte	musste	sollte	wollte

2 過去形の人称変化

B-12

過去形は主語によって人称語尾を足します。

不定詞	**lernen** 習う	**gehen** 行く	**sein** ～である	**haben** ～がある	**werden** ～になる	**können** ～できる
過去基本形	lernte	ging	war	hatte	wurde	konnte
ich	lernte	ging	war	hatte	wurde	konnte
du	lernte**st**	ging**st**	war**st**	hatte**st**	wurde**st**	konnte**st**
er/sie/es	lernte	ging	war	hatte	wurde	konnte
wir	lernte**n**	ging**en**	war**en**	hatte**n**	wurde**n**	konnte**n**
ihr	lernte**t**	ging**t**	war**t**	hatte**t**	wurde**t**	konnte**t**
sie/Sie	lernte**n**	ging**en**	war**en**	hatte**n**	wurde**n**	konnte**n**

◆ 過去形の人称語尾は以下のとおりです。

単数		複数	
ich	- (語尾なし)	wir	-[**e**]**n**
du	**-st**	ihr	**-t**
er/sie/es	- (語尾なし)	sie/Sie	-[**e**]**n**

◆ 1人称単数と3人称単数の場合は、過去基本形をそのまま使います。そのほかの場合は、過去基本形に語尾を足します。

Wo **warst** du? 君はどこにいたの？

Ich **war** im Konferenzzimmer. 私は会議室にいた。

Musstet ihr lange diskutieren?
君たちは長時間、議論しなければならなかったの？

Tipps

- 1人称複数と3人称複数は、**-en**という形で終わるように整えます。そのため、過去基本形が**-e**で終わる場合は**-n**だけを足します。

3 過去形と現在完了形の使い分け

B-13

過去形も現在完了形も、過去の事柄を表すのに使われます。おおまかに言って、次のような使い分けがあります。

◆ 過去形

話し手を取り巻く身近な状況から切り離された過去の事柄を表す。主に小説・物語・新聞記事などで使われる。

Es **war** einmal ein König. 昔々、1人の王様がいました。

Goethe **starb** in Weimar. ゲーテはワイマールで死んだ。

◆ 現在完了形

話し手を取り巻く身近な状況と関わりがある過去の事柄を表す。主に日常会話などの話しことばで使われる。

Heute **habe** ich viel **gelernt**. 私は今日、たくさん勉強した。

Sie **ist ausgegangen**. 彼女は出かけたよ。

ただし、動詞**sein, haben**と話法の助動詞については、話しことばにおいても過去形が優先的に使われます。

Ich **hatte** eine Besprechung mit meinem Chef.
私は上司との話し合いがあった。

Ich **konnte** dich nicht finden.
私は君を見つけることができなかった。

Der Chef **wollte** einfach viel reden!
上司が単にたくさん話したがっていたんだ!

Tipps

- 話しことばで過去形が優先的に使われる例としてはほかに、**finden**(〜を〜だと思う)、**es gibt**(〜がある)での**geben**などいくつかあります。

Wir **fanden** das interessant. 私たちはそれがおもしろいと思った。

Gestern **gab** es eine Party. 昨日はパーティーがあった。

「あれ？　過去基本形の作り方って、過去分詞の作り方とどこか似ていない？」と思った方はご明察（パチパチ）。そうなんです、パターンがあるんです。以下でまとめておきましょう。

もうひとがんばり！

◆「動詞の3基本形」といって、どの動詞にも「不定詞」・「過去基本形」・「過去分詞」という形があり、不定詞から過去基本形・過去分詞への変化のしかたに基づいて、3通りに分けることができます。

- **弱変化**（変化のしかたが「弱」い）

過去基本形：語幹 + **-te**　［語幹は不定詞の語幹と同じ］
過去分詞　：**ge-** + 語幹 + **-t**　［語幹は不定詞の語幹と同じ］

	不定詞	過去基本形	過去分詞
例	sagen（言う）	sagte	gesagt
	lernen（習う）	lernte	gelernt

- **強変化**（変化のしかたが激しい、言い換えれば、「強」い）

過去基本形：語幹のみ　［不定詞の語幹と異なる］
過去分詞　：**ge-** + 語幹 + **-en**　［不定詞の語幹とは異なる場合がある］

	不定詞	過去基本形	過去分詞
例	sprechen（話す）	sprach	gesprochen
	kommen（来る）	kam	gekommen

- **混合変化**（弱変化らしさと強変化らしさが混ざり合っている）

過去基本形：語幹 + **-te**　［不定詞の語幹と異なる］
過去分詞　：**ge-** + 語幹 + **-t**　［不定詞の語幹と異なる］

	不定詞	過去基本形	過去分詞
例	bringen（持って行く）	brachte	gebracht
	brennen（燃える）	brannte	gebrannt

◆分離動詞、非分離動詞の過去形については、基礎動詞の部分を過去形にします。

例 auf|stehen（起きる）→ **stand** ... auf　［分離動詞］

verstehen（理解する）→ ver**stand**　［非分離動詞］

［基礎動詞：stehen（立つ）→ **stand**］

1 ある動詞の変化パターンを参考に、別の動詞を同じパターンで過去基本形に変化させてください。 語幹が変化する場合は、その変化のしかたも同じです。

(→ 1)

	不定詞			過去基本形
(1)	kaufen	(買う)	→	kaufte
	wohnen	(住む)	→	________
(2)	geben	(あげる)	→	gab
	lesen	(読む)	→	________
(3)	fahren	(乗り物で行く)	→	fuhr
	tragen	(運ぶ)	→	________
(4)	senden	(送る)	→	sandte
	wenden	(向ける)	→	________
(5)	kritisieren	(批判する)	→	kritisierte
	kopieren	(コピーする)	→	________

2 以下の文を、指示された名詞を主語とする文に書き換えてください。

(→ 2)

(1) Das Kind sagte nichts. その子どもは何も言わなかった。

die Kinder → ________________

(2) Hatte er Hunger? 彼はおなかがすいていたの?

du → ________________

(3) Wohin musste er gehen? 彼はどこに行かなければならなかったの?

Sie → ________________

(4) Ich durfte nach Hause gehen. 私は帰宅してよかった。

wir → ______________________

(5) Ich war damals noch klein. 私は当時まだ小さかった。

＊damals 当時

ihr → ______________________

3 与えられた語句を適切な形に変え、必要な語句を補って、ドイツ語文を完成させてください。 (→ 1 2 3) B-14

(1) heute / allein / sein

君は今日ひとりだったの?

____

(2) haben / Zeit

昨日、私は時間がなかった。

Gestern ______________________

(3) wollen / Banane / essen

私はバナナを1つ食べたかった。 ＊Banane *f.* バナナ

____

(4) können / früh / aufstehen

彼女は早く起きられなかった。

____

解答は191ページ

第14課

形容詞の語尾変化

Das ist ein neues Kaufhaus.

それは新しいデパートだよ。

これを学ぼう！

- □ **名詞を修飾するときの形容詞には語尾を足す。**
- □ **形容詞の語尾は、名詞の性・数・格に合わせて変化する。**

これができる！

- □ **形容詞を使って名詞の内容を詳しく補足できるようになる。**
- □ **「白い犬」、「黒い犬」のように1語足すことで同類のものを区別できる。**

「その重要な知らせ」とか「ある古い城」のように、名詞に関して情報を補足するときの形容詞は、名詞との関係をアピールするかのように何か足したがります。いや、形容詞がそう言っているのを聞いたわけじゃないですけど。

ロードマップ

話は単純です。名詞を修飾する形容詞には語尾を足します。ただ、3通りに分けて、語尾の足し方一覧を整理する必要があります。まず、**der**や**diese**など定冠詞（類）つきの名詞を修飾する場合について見ます。→ 1

次は、**ein**や**meine**など不定冠詞（類）つきの名詞を修飾する場合を見ます。定冠詞（類）つきの場合との違いはほんのわずかなので、実は新たに覚えることはほとんどありません。→ 2

最後は、まったく冠詞がつかない名詞1語を修飾する場合についてです。名詞の性・数・格に応じて語尾が大きく異なります。ただ、どこか見覚えのあるパターンなので、負担はあまり多くありません。→ 3

どんなやり取り?

街なかでの会話

B-15

A Was ist das blaue Gebäude?

B **Das ist ein neues Kaufhaus.**

A Aha. Gibt es da auch nicht so teure Sachen?

B Ja, da habe ich meine neue Bluse gekauft. Sie war sehr billig.

A：その青い建物は何?

B：それは新しいデパートだよ。

A：そうなんだ。そこには、あまり高くない物もあるの?

B：うん、私はそこで私の新しいブラウスを買ったよ。
それはとても安かった。

語注 (*m.*：男性　*f.*：女性　*n.*：中性　*pl.*：複数)

☐ blaue < blau 青い　☐ Gebäude *n.* 建物　☐ neues, neue < neu 新しい

☐ Kaufhaus *n.* デパート　☐ nicht so あまり〜でない

☐ teure < teuer 値段が高い　☐ Sachen *pl.* < Sache *f.* 物・事

☐ Bluse *f.* ブラウス　☐ billig 安い

1 形容詞の語尾変化[名詞が定冠詞(類)つきの場合] B-16

名詞を修飾する形容詞には語尾を足します。語尾の足し方は、名詞が冠詞(類)つきであるかどうか、どの冠詞(類)がつくのかによって、異なります。名詞が定冠詞(類)つきの場合、形容詞には次のように語尾を足します(「**弱変化**」と呼ばれます)。

	男性 赤いスカート	女性 赤いズボン	中性 赤いシャツ
1格	der rote Rock	die rote Hose	das rote Hemd
2格	des roten Rock**s**	der roten Hose	des roten Hemd**es**
3格	dem roten Rock	der roten Hose	dem roten Hemd
4格	den roten Rock	die rote Hose	das rote Hemd

	複数 赤い靴
1格	die roten Schuhe
2格	der roten Schuhe
3格	den roten Schuhe**n**
4格	die roten Schuhe

Was ist das blaue Gebäude? その青い建物は何？ [中性1格]

Ich mag diese alte Stadt. 私はこの古い街が好きだ。 [女性4格]

Tipps

- 定冠詞(類)つき名詞を修飾する形容詞の語尾は **-e** か **-en** のみです。
- 定冠詞(類)つき名詞を修飾する形容詞に語尾 **-e** を足すのは、男性1格、女性1格、中性1格、女性4格、中性4格の5通りです。それ以外の場合は必ず語尾 **-en** を足します。

2 形容詞の語尾変化[名詞が不定冠詞(類)つきの場合] B-17

名詞が不定冠詞（類）つきの場合、形容詞には次のように語尾を足します（「**混合変化**」と呼ばれます）。

	男性 軽い鍋	女性 軽いビン	中性 軽いグラス
1格	ein leichter Topf	eine leichte Flasche	ein leichtes Glas
2格	eines leichten Topfs	einer leichten Flasche	eines leichten Glases
3格	einem leichten Topf	einer leichten Flasche	einem leichten Glas
4格	einen leichten Topf	eine leichte Flasche	ein leichtes Glas

	複数 私の軽い袋
1格	meine leichten Säcke
2格	meiner leichten Säcke
3格	meinen leichten Säcken
4格	meine leichten Säcke

Das ist ein neues Kaufhaus. [中性1格]
それは新しいデパートだよ。

Da habe ich meine neue Bluse gekauft. [女性4格]
私はそこで新しいブラウスを買ったよ。

Tipps

- 語尾は男性１格のとき **-er**、女性１格と女性４格のとき **-e**、中性１格と中性４格のとき **-es** です。それ以外の場合、語尾は **-en** です。
- 複数形の名詞には不定冠詞がつきませんが、不定冠詞類（所有冠詞と否定冠詞）はつけられます。その場合、形容詞の語尾は必ず **-en** です。

Das gebe ich meinen lieben Kindern. [複数3格]
それを私は私の愛しい子どもたちにあげる。

3 形容詞の語尾変化［名詞に冠詞(類)がつかない場合］ B-18

冠詞（類）がつかない名詞を修飾する形容詞には、次のように語尾を足します（「**強変化**」と呼ばれます）。

	男性 冷たいジュース	女性 冷たい牛乳	中性 冷たい水
1格	kalt**er** Saft	kalt**e** Milch	kalt**es** Wasser
2格	kalt**en** Saft**s**	kalt**er** Milch	kalt**en** Wasser**s**
3格	kalt**em** Saft	kalt**er** Milch	kalt**em** Wasser
4格	kalt**en** Saft	kalt**e** Milch	kalt**es** Wasser

	複数 美しいグラス
1格	schön**e** Gläser
2格	schön**er** Gläser
3格	schön**en** Gläser**n**
4格	schön**e** Gläser

Gibt es da auch nicht so teur**e** Sachen? ［複数4格］
そこには、あまり高くない物もあるの？

Grün**er** Tee ist gesund. ［男性1格］
緑茶は健康によい。

Max kommt immer ohne konkret**en** Plan. ［男性4格］
マックスはいつも具体的な計画なしにやって来る。

Tipps

- 冠詞（類）がつかない名詞を修飾する形容詞は、定冠詞の格変化に似たはっきりした変化を示します。ただし、男性2格・中性2格の場合、定冠詞は**des**という形であるのに対し、形容詞の語尾は**-en**です。

調整が面倒くさくてすみません（私のせいじゃありませんけど）。ただ、日本語でも「この森は静かだ」とは言いますが、「静かだ森」とは言わず「静かな森」と言いますよね。それと同じようなものだと思います。「静かだ→静かな」のように調整をしましょう。ちなみに、語尾のあたりだけ急に小声でモゴモゴごまかすのは反則です！

✚もうひとがんばり！

B-19

◆語尾を足す場合と足さない場合とで形が異なる形容詞があります。例として**hoch**（高い），**teuer**（値段が高い）などがあります。

Der Turm ist **hoch**.
そのタワーは高い。

Wie heißt der **hohe** Turm?
その高いタワーは何という名前なの？

Das Handy ist **teuer**.
その携帯電話は値段が高い。

Das **teure** Handy ist praktisch.
その値段が高い携帯電話は便利だ。

◆形容詞は、語尾を足すことで名詞的に使うことができます。語尾の足し方や変化のしかたは、名詞の前に置かれる形容詞の場合と同じです。

男性（1格）	der Reiche	ein Reicher	裕福な男性
女性（1格）	die Reiche	eine Reiche	裕福な女性
複数（1格）	die Reichen	Reiche	裕福な人々
中性（1格）	das Schöne	(etwas) Schönes	美しいもの・美

Tipps

- 名詞的に用いる形容詞は、男性・女性・複数だとヒトを表し、中性だとモノ・コトを表します。
- 中性の場合、冠詞がないときは不定代名詞**etwas**などと組み合わせるのが一般的です。
- 名詞的に用いる形容詞は、文字でつづる場合、書き出しが大文字です。

練習問題に挑戦しよう

1 下線部に適切な語尾を書き入れてください。 (→❶❷❸)

(1) Der jung____ Student hat ein gut____ Wörterbuch.
その若い男子学生はよい辞書を持っている。
＊jung 若い　Wörterbuch ***n.*** 辞書

(2) Das ist das Haus eines reich____ Arztes.
これは、ある裕福な医師の家です。

(3) In einer alt____ Kirche habe ich japanisch____ Touristen gesehen.
ある古い教会で、私は日本人観光客たちを見た。
＊japanisch 日本の　Touristen ***pl.*** 観光客

(4) Den lang____ und schwierig____ Roman lese ich nicht.
その長くて難しい小説を私は読まない。　＊schwierig 難しい

(5) Wegen des stark____ Regens bleiben die klein____ Kinder in einer warm____ Berghütte.
その激しい雨のせいで、小さな子どもたちはある暖かい山小屋の中にとどまっている。
＊Regen ***m.*** 雨　bleiben とどまる　warm 暖かい　Berghütte ***f.*** 山小屋

2 カッコ内の語句（1格）を適切な形に変化させ、下線部に記入してください。 (→❶❷❸)

(1) (ein alter Freund)
Ich besuche ________________________________.
私はある旧友を訪ねる。　＊Freund ***m.*** 友人［男性］

(2) (die nette Frau)
Wir sprechen oft mit ________________________.
私たちはよくその親切な女性と話す。　＊nette < nett 親切な

(3) (schönes Wetter)

Bei ______________________________ gehen wir in den Park.

よい天気のときは、私たちは公園に行く。

(4) (seine kleinen Kinder)

Ken kommt statt ______________________________.

ケンは彼の小さい子どもたちの代わりに来る。

(5) (deutscher Wein)

Maria trinkt gern ______________________________.

マリアはドイツワインを飲むのが好きだ。　＊deutscher < deutsch ドイツの

3 与えられた語句を適切な形に変え、必要な語句を補って、ドイツ語文を完成させてください。

(→ 1 2 3) B-20

(1) kaufen / gelb / Becher

私は黄色いコップを1つ買う。　＊gelb 黄色の　Becher ***m.*** コップ

____

(2) lesen / dick / Bücher

あなたはそれらの分厚い本を読むの？　＊dick 分厚い

____

(3) klein / Kind / haben / blau / Augen

その小さい子どもは目が青い。　＊Augen ***pl.*** 目

____

解答は191ページ

第15課

受動文

Hier wird ein Musikprogramm veranstaltet.

ここで、ある音楽プログラムが開催されるよ。

これを学ぼう！

□ 「～される」を表すには受動文を使う。
□ 受動の助動詞を変えることで、動き・変化、状態を表すことができる。

これができる！

□ 動作を受ける側に着目した伝え方ができるようになる。
□ 動作する側を伏せることにより、状況全般を表すことができる。

「私、先生に褒められたよ！」、「その雑誌、捨てられちゃうよ！」などなど、何かされる側について述べるには？　え、面倒くさそう？　いやがられるのは承知の上です。あとで「知っておいてよかった」と見直されるかどうか……。

ロードマップ

- 「～される」のように動作を受ける側を主語にした文を「受動文」と言います。受動文は、過去分詞と特定の助動詞を組み合わせて作ります。語順なども含め、受動文の作り方の基本を確認しておきましょう。→ 1
- 受動文の作り方を押さえたら、「XがYを～する」という言い方から出発して「YがXによって～される」という言い方に変えるにはどうすればよいのか整理しておきましょう。→ 2
- 動作を受けたあとの状態を表す受動文もあります。やはり専用の助動詞を使います。これについても見ておきましょう。→ 3

どんなやり取り?

イベントスペースの前で

B-21

A Hier wird ein Musikprogramm veranstaltet.

B Aha. Was wird da gespielt?

A Traditionelle Volksmusik. Es wird auch getanzt.

B Schön! Kann man noch Tickets kaufen?

A Ja. Die Kasse ist gerade noch geöffnet.

A：ここで、ある音楽プログラムが開催されるよ。

B：そうなんだ。何がそこで演奏されるの?

A：伝統的な大衆音楽だよ。ダンスもできるよ。

B：すてきだね！　チケットはまだ買えるの?

A：うん。切符売り場はちょうど今、まだ開いているよ。

語注　(*m.*：男性　*f.*：女性　*n.*：中性　*pl.*：複数)

- ☐ Musikprogramm ***n.*** 音楽プログラム
- ☐ veranstaltet < veranstalten 開催する
- ☐ gespielt < spielen 上演する
- ☐ traditionelle < traditionell 伝統的な
- ☐ Volksmusik ***f.*** 大衆音楽
- ☐ Kasse ***f.*** 切符売り場・窓口

この課のポイント

1 受動文の作り方

B-22

動作を受ける側を主語にした文を「**受動文**」と言います。受動文は受動の助動詞**werden**と過去分詞を組み合わせて作ります。

Hier wird ein Musikprogramm **veranstaltet**.
受動の助動詞　過去分詞
ここで音楽プログラムが開催される。

Was wird da **gespielt**?
受動の助動詞　過去分詞
何がそこで演奏されるの?

◆ 受動の助動詞は、定動詞と同じ位置に置きます。過去分詞は文末に置きます。

Tim wird **gelobt**. ティムは褒められる。［平叙文］
Warum wird Tim **gelobt**? ティムはなぜ褒められるの?［補足疑問文］
Wird Tim **gelobt**? ティムは褒められるの?［決定疑問文］

◆ 受動の助動詞は、主語に合わせて人称変化します。変化のしかたは動詞としての**werden**(～になる)の場合と同じです(p.36 3参照)。

Du **wirst** gleich gerufen. 君はすぐに呼ばれる。
Ihr **werdet** gleich gerufen. 君たちはすぐに呼ばれる。
Wir **werden** gleich gerufen. 私たちはすぐに呼ばれる。

Tipps

- 副文では、受動の助動詞を文末に置きます。

副文
Ich glaube, dass Tim gelobt **wird**.
私はティムが褒められると思う。

2 受動文の注意事項

B-23

動作する側を主語にした文を「**能動文**」と言います。能動文と受動文の間には次のような関係があります。

能動文 Mein Vater putzt **den Raum**. 私の父はその部屋を掃除する。
1格 4格

受動文 **Der Raum** wird von meinem Vater geputzt.
1格 前置詞von＋3格名詞
その部屋は私の父によって掃除される。

◆ 受動文の主語は能動文の4格目的語に対応します。

◆ 受動文で動作する側を表す場合は、前置詞**von**＋3格名詞を使います。

Das Schloss wird **von vielen Touristen** besucht.
その城は多くの観光客によって訪問される。
[**能動文**：Viele Touristen besuchen das Schloss.]
多くの観光客がその城を訪問する。

Tipps

• 受動文においては、動作する側は必ずしも表現されません。

In diesem Land wird Deutsch gesprochen.
この国ではドイツ語を話します（ドイツ語が話されます）。

Werden die Daten gespeichert?
それらのデータは保存されるの？

Wann wird die Straße gereinigt?
その通りはいつ清掃されるの？

• 原因や手段など、主体的に動作しているわけではないものを受動文において表す場合は、前置詞**durch**＋4格名詞を使います。

Der Turm wird **durch den Sturm** zerstört.
その塔は嵐によって破壊される。
[**能動文**：Der Sturm zerstört den Turm. 嵐がその塔を破壊する。]

3 sein受動

B-24

動詞が表す動き・変化が完了したあとの状態を表す受動文があります。助動詞として**sein**を使います。「**sein受動**」（状態受動）と呼ばれます。

Die Kasse **ist** gerade noch geöffnet.
切符売り場は、ちょうど今、まだ開いている。

Ich **bin** zum Essen eingeladen.
私は会食に招待されている。

Die Daten **sind** gespeichert.
それらのデータは保存してある。

Tipps

- 助動詞**werden**を使った受動文は「**werden受動**」（動作受動）と呼ばれ、動詞が表す動き・変化が進行する様子を表します。

Die Tür **wird** gestrichen. そのドアは塗装される。[werden受動]
└ドアは塗装作業に入る段階

Die Tür **ist** gestrichen. そのドアは塗装してある。[sein受動]
└ドアは塗装作業が完了している

Der Fisch **wird** gebraten. その魚は焼かれる。[werden受動]
Der Fisch **ist** gebraten. その魚は焼いてある。[sein受動]

Die Straße **wird** gesperrt. その通りは封鎖される。[werden受動]
Die Straße **ist** gesperrt. その通りは封鎖されている。[sein受動]

Das **wird** storniert. それは取り消される。[werden受動]
Das **ist** storniert. それは取り消してある。[sein受動]

いかがでしたか？　ゲンナリさせ「られた」ってことはないですよね。え、その気分はどう表現すればいいのかって？　ほら。受動文が必要な場面っていろいろあると思いますよ。ただ、「られた」と「られる」の表し分け方はまだ見ていませんでしたね。というわけで、以下は、その区別などに関する補足事項です。

✚もうひとがんばり！

B-25

◆自動詞を使った主語なしの受動文があります。動作する側が話題の中心にならず、状況全般について述べる場合に使われます。

In Deutschland wird rechts gefahren.
ドイツでは右側通行です。

- 助動詞 **werden** は必ず３人称単数形です。

- 文頭を埋める表現がない場合に限り、代名詞 **es** を使います。

Es wird auch getanzt.
ダンスもあるよ。

◆受動文の時制は、受動の助動詞を変化させることで区別します。

現在　受動の助動詞（現在形）＋過去分詞

Das Kind **wird** unterstützt.
その子は支援される。

過去　受動の助動詞（過去形）＋過去分詞

Das Kind **wurde** unterstützt.
その子は支援された。

現在完了　完了の助動詞 **sein**（現在形）＋過去分詞＋ **worden**

Das Kind ist unterstützt **worden**.
その子は支援された。

- 受動文を現在完了形にする場合、完了の助動詞は必ず **sein** です。

- 受動の助動詞 **werden** の過去分詞は **worden** という形です。

1 以下の能動文を受動文に書き換えてください。過去分詞はすべて［ge-＋不定詞の語幹＋-t］という形です。 (→❶❷)

(1) Maria liebt ihn. マリアは彼を愛している。

____

(2) Die Katze kratzt mich immer. その猫はいつも私をひっかく。

＊ kratzt < kratzen ひっかく

____

(3) Löst er diese Probleme? 彼はこれらの問題を解くの？

＊ löst < lösen 解く Probleme ***pl.*** 問題

____

2 助動詞 werden, sein のどちらかを適切な形にして下線部に記入し、日本語の内容に合うドイツ語文を完成させてください。 (→❶❸)

(1) Das Dokument ________ kopiert.
その書類はコピーされる。 ＊ kopiert < kopieren コピーする

(2) Das Hemd ________ schon gewaschen.
そのシャツはもう洗ってある。 ＊ gewaschen < waschen 洗う

(3) ________ das Steak gut gebraten?
そのステーキはよく焼いてあるの？
＊ Steak ***n.*** ステーキ gebraten < braten 焼く

(4) Die Türen ________ geschlossen.
それらのドアは閉じられる。 ＊ geschlossen < schließen 閉じる

(5) Der Koffer ________ schon gepackt.
そのスーツケースはもう荷詰めしてある。
＊ Koffer ***m.*** スーツケース gepackt < packen 荷詰めする

3 次の文を、カッコ内で指示されている時制の文に書き換えてください。(→➕)

(1) Mein Auto wird repariert. 私の車は修理される。

＊repariert < reparieren 修理する

[過去形] ______________________________

(2) Wir werden oft kritisiert. 私たちはよく批判される。

＊kritisiert < kritisieren 批判する

[過去形] ______________________________

(3) Wirst du von ihm angestellt? 君は彼に雇われるの?

＊angestellt < anstellen 雇う

[現在完了形] ______________________________

(4) Wann wird das verkauft? それはいつ売られるの?

＊verkauft < verkaufen 売る

[現在完了形] ______________________________

4 与えられた語句と受動の助動詞werdenを適切な形に変え、必要な語句を補って、ドイツ語文を完成させてください。過去分詞はすべて[ge-＋不定詞の語幹＋-t]という形です。 (→1➕) B-26

(1) Haus / bauen そこに1軒の家が建てられる。

＊bauen 建てる Haus *n.* 家

Da ______________________________

(2) Film / hier / drehen その映画はここで撮影された。[過去形で]

＊drehen 撮影する Film *m.* 映画

____

(3) morgen / feiern 明日はお祝いがあるよ。 ＊feiern お祝いする

____

解答は192ページ

第16課

動詞の非定形

Ich bin schon gespannt.

もう、わくわくしているよ。

これを学ぼう！

- □「現在分詞」と「過去分詞」は、形容詞や副詞のように使われる。
- □「zu不定詞」には名詞や形容詞のような使い方がある。

これができる！

- □「～なX」、「～するX」といった表現上のバリエーションが増やせる。
- □「～すること」のような表現のしかたができるようになる。

主語ごとに特定の形に定まっているときの動詞を文字どおり「定形」と呼ぶとすると、一方では「非定形」とでも呼ぶべき形があります。「分詞」と「不定詞」のことで、これがなかなか便利な使い方ができてお得なのでございます。

ロードマップ

過去分詞は、形容詞・副詞のような使い方ができます。形容詞・副詞のマネをしたがる過去分詞の特徴を見ておきましょう。→ 1

過去分詞とは別に「現在分詞」というものもあります。やはり形容詞・副詞と使い方が似ています。2番目のマネっ子、現在分詞の作り方と使い方を確認しておきましょう。→ 2

分詞とは別に「不定詞」というものがありますね。その不定詞は、**zu**という接続表現とドッキングさせると、名詞や形容詞のような使い方ができます。3番目のマネっ子、不定詞について整理しましょう。→ 3

どんなやり取り?

デートへの誘い

B-27

A Diese Gemälde sind schön, oder?

B Ja, sie sind wirklich faszinierend.

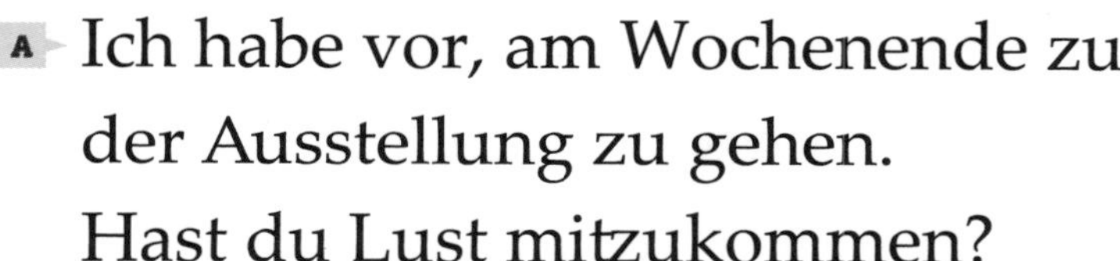

A Ich habe vor, am Wochenende zu der Ausstellung zu gehen.
Hast du Lust mitzukommen?

B Ja, gerne! **Ich bin schon gespannt.**

A：これらの絵画はすばらしくない?
B：うん、それらはとても魅力的だね。
A：私は、週末にこの展覧会に行く予定でいるんだ。
一緒に行く気はある?
B：うん、喜んで! もう、わくわくしているよ。

語注 (*m.*：男性 *f.*：女性 *n.*：中性 *pl.*：複数)

☐ oder? ～だよね? ☐ wirklich 本当に ☐ faszinierend 魅力的な
☐ vor|haben 予定する ☐ Ausstellung *f.* 展覧会 ☐ Lust *f.* ～する気・意欲
☐ gerne 喜んで ☐ gespannt わくわくした

1 過去分詞の用法

B-28

過去分詞は、現在完了形や受動文で使われるのに加えて、ほかにも使い方があります。

◆ 形容詞的用法

- 形容詞と同じ語尾を足して、後ろにある名詞を修飾することができます。他動詞に基づく過去分詞は「～された」という意味を表し、**sein** 支配の自動詞に基づく過去分詞は「～した・～してしまった」という意味を表します。

他動詞由来の例

das **gestohlene** Fahrrad [< stehlen (盗む)]
盗まれた自転車

ein **umgebautes** Haus. [< umbauen (建て替える)]
建て替えられた家

自動詞(sein支配)由来の例

der **angekommene** Zug [< ankommen (到着する)]
到着した列車

eine **verblühte** Rose [< verblühen (しぼむ)]
しぼんだバラ

- 「**X**は～だ」という表現に使われる過去分詞もあります。

Ich bin schon **gespannt**.
[< spannen (興味をかき立てる・わくわくさせる)]
私はもう、わくわくしている。

◆ 副詞的用法

文中の動詞が表す動作に「～された状態で・～した状態で」という補足を加えることができます。

Wir gehen **erschöpft** nach Hause. [< erschöpfen (疲れ果てさせる)]
私たちは疲れ果てたまま家に帰る。

2 現在分詞とその用法

B-29

動詞には、過去分詞のほかに「現在分詞」という形があります。現在分詞は、動詞の不定詞に語尾 **-d** を足して作ります。

例 lachen（笑う）→ lachen**d**
kommen（来る）→ kommen**d**

◆ 例外は動詞 **sein, tun** です。

sein（～である）→ **seiend**
tun（する・行う）→ **tuend**

現在分詞には、過去分詞と同じように形容詞的な使い方と副詞的な使い方があります。

◆ 形容詞的用法

• 形容詞と同じ語尾を足して、後ろにある名詞を修飾することができます。「～している最中の」という意味を表します。

das **schlafend**e Baby [< schlafen（眠る）]
眠っている赤ちゃん

steigende Temperaturen [< steigen（上昇する）]
上昇している気温

• 「Xは～だ」という表現に使われる現在分詞もあります。

Sie sind wirklich **faszinierend.** [< faszinieren（魅了する）]
それらは本当に魅力的だ。

◆ 副詞的用法

文中の動詞が表す動作に「～しながら」という補足を加えることができます。

Die Kinder gehen **singend** in die Schule. [< singen（歌う）]
子どもたちは歌いながら学校に行く。

Elvira kommt **lächelnd** ins Zimmer. [< lächeln（ほほえむ）]
エルヴィラはほほえみながら部屋に入って来る。

3 zu不定詞

🔊 B-30

不定詞と**zu**という接続表現との組み合わせから成るまとまりがあります。「**zu不定詞**」と言います。

◆ 接続表現**zu**は不定詞の前に置きます（つづり上は2語扱い）。

例 kaufen（買う）➡ **zu** kaufen

◆ 分離動詞の場合、**zu**は分離前つづりと基礎動詞の間に入れます（つづり上は1語扱い）。

例 einkaufen（購入する）➡ ein**zu**kaufen

◆ さまざまな語句を**zu**不定詞と組み合わせることにより、「**zu**不定詞句」という、より大きなまとまりを作ることができます。その場合、**zu**不定詞は必ず句の終わりに置きます。

im Kaufhaus ein Hemd **zu kaufen**
デパートでシャツを１枚買う（こと）

◆ **zu**不定詞（句）は名詞と同じ位置に置き、主語・目的語として使うことができます（名詞的用法）。

🔊 **Deutsch zu lernen**, ist einfach. ［主語としての用法］
ドイツ語を勉強するのは簡単だ。

🔊 Ich versuche, **pünktlich zu kommen**. ［目的語としての用法］
私は時間どおり来ることを試みる。

◆ **zu**不定詞（句）は手前にある名詞の内容を補足するのに使うことができます（形容詞的用法）。

🔊 Hast du Lust **mitzukommen**?
一緒に行く気はある？

🔊 Ich habe keine Zeit, **mit dir zu sprechen**.
私は君と話す時間がない。

いかがですか？　形容詞的用法とか名詞的用法とか言うけれど、最初から形容詞と名詞を使えばいいんじゃない？　と思うかもしれません。ただ、形容詞と名詞だけでは表現に限界があります。形容詞hochは「高い」は表せても「上昇している」は表せません。また「デパートでシャツを1枚買うこと」を名詞だけで表現しろというのは難しい相談です。動詞由来の表現は、こうした表現上の限界を取り払ってくれます。

✚もうひとがんばり！

B-31

◆**zu**不定詞（句）は接続表現**um, ohne, statt**と組み合わせて、文の動詞が表す動作の目的・状況などを表すことができます（副詞的用法）。

• **um ... zu ...** ～するために

Er sitzt hier, **um fernzusehen.**

彼はテレビを見るため、ここに座っている。

• **ohne ... zu ...** ～することなく

Er geht, **ohne** mich **zu grüßen.**

彼は私にあいさつすることなく出て行く。

• **statt ... zu ...** ～する代わりに

Er schläft, **statt** Deutsch **zu lernen.**

彼はドイツ語を勉強する代わりに寝る。

◆代名詞**es**をいったん主語や目的語とし、その内容にあたる**zu**不定詞（句）を文末に置くことがよくあります。

• 主語としての代名詞**es** + **zu**不定詞（句）の例

Es ist einfach, **Deutsch zu lernen.**

ドイツ語を勉強するのは簡単だ。

• 目的語としての代名詞**es** + **zu**不定詞（句）の例

Ich finde **es** interessant **zu segeln.**

私はヨットで帆走するのはおもしろいと思う。

1 カッコ内の動詞に基づく現在分詞または過去分詞を下線部に記入し、日本語の内容に合うドイツ語文を完成させてください。 過去分詞はすべて［ge-＋不定詞の語幹＋-t］という形です。 （→ 1 2 ）

(1) Die Studenten gehen ______ in die Mensa. (lachen)
男子学生たちは笑いながら食堂に入って行く。 ＊Mensa *f.* 食堂

(2) Hier ist ein ________es Ei. Es ist ganz hart. (kochen)
ここにゆでた卵が1つあるよ。それはとても固い。
＊Ei *n.* 卵　ganz とても　hart 固い

(3) Siehst du die ________en Tiere? (hüpfen)
飛び跳ねている動物たちが見える？ ＊Tiere *pl.* 動物　hüpfen 飛び跳ねる

(4) Der ________e Saal ist sehr schön. (putzen)
清掃されたそのホールはとてもきれいだ。

(5) Wo ist das pünktlich ________e Flugzeug? (landen)
定刻どおり着陸した飛行機はどこ？
＊landen 着陸する　Flugzeug *n.* 飛行機

2 カッコ内の語句を用いたzu不定詞句を下線部に記入し、日本語の内容に合うドイツ語文を完成させてください。 （→ 3 ＋）

(1) (Klavier / spielen)
Es ist schwierig, ______________________________.
ピアノを弾くのは難しい。

(2) (es / gleich / ab|geben)
Ich verspreche dir, ______________________________.
それをすぐ提出することを君に約束するよ。
＊verspreche < versprechen 約束する　ab|geben 提出する

(3) (zu dir / kommen)
Morgen haben wir Zeit, ______________________.
明日、私たちは君のところに行く時間がある。

(4) (um / Tee / kochen)
Paul geht in die Küche, ______________________.
パウルはお茶を沸かすため、キッチンに入る。

(5) (ohne / auf mich / warten)
Laura geht nach Hause, ______________________.
ラウラは私を待たずに家に帰る。

3 与えられた語句を適切な形に変え、必要な語句を補って、ドイツ語文を完成させてください。 (→ 2 3 ✚) 🔈 B-32

(1) arbeiten / schweigen 私たちは黙ったまま仕事をする。
＊schweigen 黙る

____

(2) es / wichtig / genug / schlafen 十分寝ることは大切です。
＊wichtig 大切な genug 十分に

____

(3) spielen / frühstücken / ohne 私たちは朝食をとらずに遊ぶ。

____

解答は192ページ

第17課

比較

Welches Gericht ist das billigste?

どの料理がいちばん安いの？

これを学ぼう！

□ 形容詞・副詞には比較級・最上級という変化形がある。
□ 比較級・最上級を使った比較の表し方がいろいろある。

これができる！

□「こっちのほうがいい」のように、程度の違いを表せるようになる。
□「これがいちばんいい」のように最も程度が高いことを表せるようになる。

はい、いったんストーップ。これまで通ってきたいろいろな箇所を比べっこしてみましょうか。いちばん楽だった箇所はどれですか？　どこも同じくらい快適でしたか？　今から通る箇所が、それまでの箇所よりも進みやすいといいのですけど……、なーんてね。

ロードマップ

- 2つかそれ以上のものを比べて、何かの程度の違いを表すときは、形容詞や副詞を特定の形に変化させます。「比較級」と「最上級」という2通りの形があります。まずは、それぞれの形の作り方を押さえておきましょう。→ 1
- 形を押さえたところで、「**A**のほうが（**B**よりも）～」の表し方を見ます。この場合は、形容詞・副詞の比較級を使います。→ 2
- 続いて「**A**が最も～」の表し方を見ます。この場合は、形容詞・副詞の最上級を使います。2通りの表現のしかたがあり、いずれの場合も最上級に特定の語尾を足します。→ 3

どんなやり取り?

レストランでのメニュー選び

B-33

A Welches Gericht ist das billigste?

B Die Pizza hier ist am billigsten. Aber die Gemüsesuppe ist viel besser. Sie hat mehr Vitamine als eine Pizza.

A Oh. Das Eisbein ist fast so teuer wie die Gemüsesuppe.

B Aber die Gemüsesuppe ist gesünder!

A：どの料理がいちばん安いの?

B：ここにあるピザがいちばん安いよ。でも、野菜スープのほうがずっといい。それは、ピザよりもビタミンが多いよ。

A：あ。アイスバインは野菜スープとほとんど同じ値段だよ。

B：でも、野菜スープのほうが健康によいよ!

語注 (*m.*：男性 *f.*：女性 *n.*：中性 *pl.*：複数)

- ☐ Gericht ***n.*** 料理
- ☐ billigste, billigsten < billig 安い
- ☐ Pizza ***f.*** ピザ
- ☐ Gemüsesuppe ***f.*** 野菜スープ
- ☐ besser < gut よい
- ☐ mehr < viel たくさん
- ☐ Vitamine ***pl.*** < Vitamin ***n.*** ビタミン
- ☐ als ～よりも
- ☐ Eisbein ***n.*** アイスバイン(豚の脚の煮込み料理)
- ☐ fast ほとんど
- ☐ wie ～のように・～くらい
- ☐ gesünder < gesund 健康によい

1 形容詞・副詞の比較変化

形容詞・副詞には、「**原級**」（辞書に載っている形）のほかに「**比較級**」、「**最上級**」という変化形があります。基本的な作り方は以下のとおりです。

比較級（「～よりも～」を表すときの形）：原級 + **-er**
最上級（「最も～」を表すときの形）：原級 + **-st**

原級	**schön** 美しい	**jung** 若い	**alt** 古い	**dunkel** 暗い	**teuer** 値段が高い
比較級	schöner	jünger	älter	dunkler	teu[e]rer
最上級	schönst-	jüngst-	ältest-	dunkelst-	teuerst-

◆比較級や最上級の作り方が不規則な形容詞・副詞もあります。

原級	**gut** よい	**viel** 多い	**hoch** 高い	**nah** 近い	**groß** 大きい	**gern** 好んで
比較級	besser	mehr	höher	näher	größer	lieber
最上級	best-	meist-	höchst-	nächst-	größt-	liebst-

Tipps

- 母音が**a, o, u**のどれか1つだけである形容詞・副詞の多く（**alt, jung**など）は、比較級・最上級のとき母音が**ä, ö, ü**に変音します。
- 原級が**-el**で終わる場合（**dunkel**など）は、比較級で**e**が省かれ**-l**になります。
- 原級が**-er**で終わる場合（**teuer**など）は一般的に、比較級で**e**が省かれ**-r**になります。
- 原級が**-d, -t, -s, -ß, -sch**などで終わる場合（**alt**など）は、最上級で母音**e**を補ってから語尾**-st**を足します。

2 比較級を使った表現

B-34

「Aのほうが～」は、形容詞・副詞の比較級を使って表します。

Die Gemüsesuppe ist **gesünder**.
野菜スープのほうが健康によい。

Dieser Zug fährt **schneller**.
この列車のほうが速く走る。

◆「AはBよりも～」の場合、比較の対象は接続詞**als**を使って表します。

Du bist **größer** als mein Sohn.
君は私の息子よりも背が高い。

Ich trinke **lieber** Tee als Kaffee.
私はコーヒーよりもお茶を飲むほうが好きだ。

Tipps

- 程度を強調したり補足したりするときは、**viel**（ずっと）, **noch**（さらに）などを比較級の形容詞・副詞の前に置きます。

Die Gemüsesuppe ist viel **besser**.
野菜スープのほうがずっといい。

Du musst noch **mehr** lernen.
君はさらにたくさん勉強しなければならない。

- 比較級を使うことで、いろいろな言い回しができます。

immer+比較級 ますます～・だんだん～

Es wird **immer wärmer**. だんだん暖かくなる。

je + 比較級…, desto/umso + 比較級… ～するほど、それだけいっそう～

Je mehr Sie lernen, **desto besser** sprechen Sie.

Je mehr Sie lernen, **umso besser** sprechen Sie.
あなたはたくさん勉強するほど、それだけいっそうよく話すようになります。

3 最上級を使った表現

🔊 B-35

「Aが最も～」は、形容詞・副詞の最上級を使って表します。2通りの表し方があります。

◆ der/die/das ＋最上級 -e

🔊 Welches Gericht ist **das billigste**? どの料理がいちばん安いの?

🔊 Dieser Koffer ist **der leichteste**. このスーツケースが最も軽い。

◆ am ＋最上級 -en

🔊 Diese Pizza ist **am billigsten**. このピザがいちばん安い。

🔊 Maria arbeitet **am fleißigsten**. マリアが最も熱心に働く。

Tipps

- 副詞的に使う形容詞や副詞の最上級は**am ＋最上級 -en**だけです。

🔊 Er kommt **am spätesten**. 彼が最も遅くやって来る。

🔊 Ich höre **am liebsten** Jazz. 私はジャズを聴くのがいちばん好きだ。

- **der/die/das** ＋最上級 **-e** の場合、比較し合うモノ・ヒトを表す名詞の性に合わせた定冠詞を使います。

🔊 August ist **der** heißeste. (=der heißeste Monat)
8月が最も暑い。

🔊 In der Klasse ist sie **die** netteste. (= die netteste Schülerin)
クラスでは彼女がいちばん親切だ。

- 複数の候補を表すときは基本的に前置詞**von**を使い、比較を行う上での範囲を表す場合は基本的に**in**を使います。

🔊 **Von** den drei Kindern ist Thomas am aktivsten.
3人の子どもたちの中ではトーマスが最も活動的だ。

🔊 **In** Deutschland ist der Ulmer Dom der höchste.
ドイツではウルム大聖堂が最も高い。

いくつかのものを比べ合うときは、「程度が高いのはどっちだ?」とか「いちばん程度が高いのはどれだ?」とかいうことに意識が向きますね。でも、比べてみて「程度が同じだ」と分かることだってあります。それは、どういう形の形容詞・副詞を使ってどう表すの? 以下は、主にその話です。

✚もうひとがんばり!

🔈B-36

◆「AはBと同じくらい〜だ」という内容は、**so＋形容詞・副詞の原級＋wie**という3語の組み合わせで表します。

🔈 Max ist **so fleißig wie** du. マックスは君と同じくらい勤勉だ。

🔈 Das Eisbein ist fast **so teuer wie** die Gemüsesuppe.
アイスバインは野菜スープとほとんど同じ値段だ。

◆否定を表す**nicht**を［**so**＋形容詞・副詞の原級＋**wie**］の前に置くと、「AはBほど〜ではない」という意味を表します。

🔈 Max ist nicht **so fleißig wie** du. マックスは君ほど勤勉ではない。

🔈 Er spricht nicht **so schnell wie** ich.
彼は私ほどはやく話さない。

◆「半分」を意味する**halb**や**X-mal**（X倍の）を［**so**＋形容詞・副詞の原級＋**wie**］の前に置くと、「AはBの半分〜」、「AはBのX倍〜」という意味を表します。

🔈 Das Kind ist halb **so alt wie** ich. その子どもは年齢が私の半分だ。

🔈 Das Land ist dreimal **so groß wie** Japan.
その国は面積が日本の3倍だ。

◆形容詞は、比較級・最上級であっても、後ろにある名詞を修飾するときは、その名詞に合わせた語尾を足します。ただし、**mehr**（より多い）と**weniger**（より少ない）だけは名詞を修飾する場合も無語尾です。

🔈 Ich möchte ein **größer**es Auto.
私はもっと大きい車がほしい。

🔈 Berlin ist die **größt**e Stadt in Deutschland.
ベルリンはドイツ最大の都市だ。

🔈 Sie hat **mehr** Vitamine als eine Pizza.
それは、ピザよりもビタミンが多い。

練習問題に挑戦しよう

1 以下の文とカッコ内の語句を組み合わせ、さらにalsを加えて、比較級の文を完成させてください。 (→❶❷)

(1) Gold ist schwer. (Silber) 金は銀よりも重い。

＊Silber *n.* 銀

____

(2) Im Winter ist es kalt. (im Herbst) 冬は秋よりも寒い。

＊Herbst *m.* 秋

____

(3) Du fährst vorsichtig. (ich) 君は私よりも慎重に運転する。

＊vorsichtig 慎重に

____

2 以下の文を、amから始まる最上級表現を含んだ文に書き換えてください。 (→❶❸)

(1) Das Problem ist wichtig. その問題は重要だ。

____

(2) Dieses Auto fährt schnell. この車は速く走る。

____

(3) Im Juni regnet es stark. 6月は雨が激しく降る。 ＊Juni *m.* 6月

____

(4) Mein Vater trinkt gern Wein. 私の父はワインを飲むのが好きだ。

____

3 カッコ内の語を適切な形に変化させて、日本語の内容に合うドイツ語文を完成させてください。

(→ 1 ✚)

(1) In Österreich gibt es keine ________ (große) Stadt als Wien.
オーストリアにはウィーンより大きな都市はない。

(2) Frau Schneider arbeitet ________ (lang) als Sie.
シュナイダーさんはあなたより長い時間働いている。

(3) Das ist der ________ (kurze) Weg zur Kirche.
これが教会への最短の道だ。 ＊kurz 短い

(4) In meiner Familie spricht meine Mutter ________ (viel).
我が家では母がいちばんたくさん話す。 ＊Familie *f.* 家族

(5) Was ist die ________ (gute) Lösung?
最良の解決策は何ですか？ ＊Lösung *f.* 解決策

4 与えられた語句を適切な形に変え、必要な語句を補って、ドイツ語文を完成させてください。

(→ 1 2 3 ✚) B-37

(1) Gebäude / hoch / Haus　その建物は私の家より高い。
＊Gebäude *n.* 建物　Haus *n.* 家

____

(2) Hans / klug / Kind　ハンスがいちばん賢い子だ。
＊Kind *n.* 子ども

____

(3) mein / Katze / klein / Hund　私の猫はその犬と同じくらい小さい。
＊Katze *f.* 猫　Hund *m.* 犬

____

解答は192ページ

第18課

関係文

Wo ist der Kollege, der so oft zu uns kommt?

しょっちゅう私たちのところに来る同僚の人はどこにいるの?

これを学ぼう!

- □ 名詞を修飾する手段として関係文がある。
- □ 関係代名詞は性・数・格に応じて形が異なる。

これができる!

- □ 名詞の内容に関して詳しい説明を補うことができる。
- □ 1つの文の中に多彩な情報を集約させることができる。

「私はアイスを食べるよ。父がそのアイスを買ってくれたんだ」。じゃあ、「私は、父が買ってくれたアイスを食べるよ」って言ったほうが、コンパクトで分かりやすいかも。文の数も2つから1つに減らせますぜ。というわけで、コンパクト化を目指したエクササイズです!

ロードマップ

名詞の表す内容に詳しい説明を加える手段として「関係文」があります。関係文は「関係代名詞」を含みます。語順もはっきりしています。基本事項を押さえておきましょう。→ 1

関係代名詞は性・数・格に応じて形が変わります。そう、冠詞のときに見たような変化表がまたドーンと出てきます。でも、定冠詞の変化表とよく似ているので、ほっとします。→ 2

特定の名詞を修飾することなく、幅広くヒトやモノ・コトを表すような関係代名詞もあります。これも、ついでに見ておきましょう。→ 3

どんなやり取り?

オフィスでの会話

B-38

A Wo ist der Kollege, der so oft zu uns kommt?

B Meinst du den Mann, dessen Projekt neulich einen Preis gewonnen hat? Er hat leider schon gekündigt.

A Ach, schade! Ich hatte viele Fragen, die ich ihm stellen wollte.

B Na ja. Wer gut ist, bleibt nicht lange.

A：しょっちゅう私たちのところに来る同僚の人はどこにいるの?

B：君は、この前、企画が賞を獲得した男性のことを言っているの?
彼は残念ながらもう辞めたよ。

A：え、残念！　彼にしたい質問がたくさんあったのに。

B：まあ。優秀な人は、長くとどまらないものだよ。

語注　(***m.***：男性　***f.***：女性　***n.***：中性　***pl.***：複数)

☐ Kollege ***m.*** 同僚　☐ meinst < meinen ～のことを言う

☐ dessen ～の　☐ neulich この前　☐ Preis ***m.*** 賞

☐ gewonnen < gewinnen 獲得する・勝つ　☐ gekündigt < kündigen 辞める

☐ schade 残念な　☐ Fragen ***pl.*** < Frage ***f.*** 質問　☐ Fragen stellen 質問する

☐ Na ja. まあね。　☐ gut 優秀な

この課のポイント

1 関係文と関係代名詞

B-39

関係代名詞を使ったひとまとまりの表現を「**関係文**」と言います。関係文の修飾を受ける名詞は「**先行詞**」と言います。

関係文

Die Frau, **die** jetzt spricht, ist meine Lehrerin.

先行詞　関係代名詞

今、話している女性は私の先生だ。

関係文

Wo ist der Kollege, **der** so oft zu uns kommt?

先行詞　関係代名詞

しょっちゅう私たちのところに来る同僚の人はどこにいるの?

◆ 関係文の先頭には必ず関係代名詞を置きます。

◆ 関係文は副文の一種であり、動詞は文末に置かれます。

◆ 文字でつづる場合、関係文とその前後の表現との間には必ずコンマを入れます。

◆ 関係代名詞は、先行詞の性・数に応じて形が異なります。関係代名詞が関係文中の動詞の主語(1格)にあたる場合、その形は定冠詞(1格)と同じです。

der Junge, **der** immer laut spricht [男性1格]

いつも大声で話す少年

die Frau, **die** morgen kommt [女性1格]

明日やって来る女性

das Baby, **das** tief schläft [中性1格]

ぐっすり眠る赤ちゃん

die Leute, **die** Bier trinken [複数1格]

ビールを飲む人々

2 関係代名詞の形と用法

B-40

関係代名詞は先行詞の性・数に加え、関係文中で担う格に応じて、形が変わります。

	男性	女性	中性	複数
1格	der	die	das	die
2格	**dessen**	**deren**	**dessen**	**deren**
3格	dem	der	dem	**denen**
4格	den	die	das	die

男性1格：singenの主語

Ich kenne den Sänger, **der** jetzt singt.

私は、今、歌っている歌手を知っている。

[= Ich kenne den Sänger. Der Sänger singt jetzt.]

男性2格：Stimmeを修飾

Ich kenne den Sänger, **dessen** Stimme sehr schön ist.

私は、声がとてもすばらしいその歌手を知っている。

[= Ich kenne den Sänger. Die Stimme des Sängers ist sehr schön.]

男性3格：gebenの目的語

Ich kenne den Sänger, **dem** du Blumen gibst.

私は、君が花をあげるその歌手を知っている。

[= Ich kenne den Sänger. Du gibst dem Sänger Blumen.]

男性4格：lobenの目的語

Ich kenne den Sänger, **den** Mika lobt.

私は、ミカが称賛するその歌手を知っている。

[= Ich kenne den Sänger. Mika lobt den Sänger.]

Ich hatte viele Fragen, **die** ich ihm stellen wollte.

私は、彼にしたい質問がたくさんあった。

Meinst du den Mann, **dessen** Projekt neulich einen Preis gewonnen hat?

君は、この前、企画が賞を獲得した男性のことを言っているの?

3 関係代名詞wer, was

B-41

関係代名詞の中には、先行詞を必要としないものもあります。ヒトを表す**wer**とモノ・コトを表す**was**があります。

Wer zu spät kommt, muss etwas extra machen.
来るのがあまりに遅い人は、何か追加でしなければならない。

Wer gut ist, bleibt nicht lange.
優秀な人は、長くとどまらないものだよ。

Was gut riecht, schmeckt nicht unbedingt gut.
よい匂いがするものは、必ずしもおいしくない。

Was du sagst, ist immer richtig.
君が言うことはいつも正しい。

Tipps

- 先行詞を必要としない**wer, was**のような関係代名詞は「**不定関係代名詞**」と言います。
- 必ず先行詞とともに使われる**der, die, das**のような関係代名詞は「**定関係代名詞**」と言います。
- 不定関係代名詞**was**から始まる関係文は文頭にも文中にも置くことができます。一方、不定関係代名詞**wer**から始まる関係文の位置は原則として文頭に限られます。

Ich lese sehr gern, **was** der Kolumnist schreibt.
私は、そのコラムニストが書くものを読むのがとても好きだ。

- 不定関係代名詞**was**は先行詞を必要としませんが、不定代名詞**alles, etwas, nichts**や指示代名詞**das**を先行詞とすることも可能です。

Bitte zeigen Sie alles, **was** Sie im Koffer haben.
スーツケースの中にあるものをすべて見せてください。

Hier gibt es nichts, **was** ich kaufen möchte.
ここには、私が買いたいものはひとつもない。

どんどん情報を追加できる関係文はとても便利です。これをくり返し使えば、「私が大切にしていた皿を割ってしまった友人に今朝道を尋ねた銀行員の取引相手と一緒にさっきやって来たのは私の兄でした」みたいな内容だって1つの文で表すことができます。わーい、って別にやらなくていいですけど。

もうひとがんばり！

B-42

◆関係代名詞が前置詞句の一部にあたる場合は、前置詞＋関係代名詞のまとまりを関係文の先頭に置きます。

Ich kenne den Sänger, **zu dem** meine Mutter spricht.
私は、私の母が話しかけているその歌手を知っている。
［= Ich kenne den Sänger. Meine Mutter spricht zu dem Sänger.］

Da siehst du das Wohnheim, **in dem** meine Tochter wohnt.
そこに、私の娘が住んでいる寮が見えるよ。
［= Da siehst du das Wohnheim. Meine Tochter wohnt in dem Wohnheim.］

Wann kommt der Gast, **auf den** du lange wartest?
君が長いこと待っているゲストはいつ来るの？
［= Wann kommt der Gast? Du wartest lange auf den Gast.］

◆「関係副詞」と呼ばれる表現があります。代表的な例として**wo, wohin**などがあります。先行詞が場所や方向を表す場合、前置詞＋関係代名詞を**wo, wohin**に置き換えて関係文を作ることができます。

Die Stadt, **wo** meine Eltern wohnen, ist alt und klein.
私の両親が住んでいる町は古くて小さい。
［= Die Stadt, in der meine Eltern wohnen, ist alt und klein.］

Das ist das Dorf, **wohin** ich morgen fahre.
これが私が明日行く村です。
［= Das ist das Dorf, in das ich morgen fahre.］

練習問題に挑戦しよう

1 **2つ目の文の語句を使って関係文を作り、1つ目の文につなげることにより、日本語の内容に合うドイツ語文を完成させてください。** (→ 1 2 +)

(1) Wer ist die Frau? Die Frau liest eine Zeitung.
新聞を読んでいる女性は誰?

(2) Der Politiker fährt morgen nach Berlin. Du kennst den Politiker gut.
君がよく知っている政治家は明日ベルリンに行く。

(3) Wie heißt das Mädchen? Du willst dem Mädchen dieses Foto zeigen.
君がこの写真を見せようとしている女の子は何という名前なの?

＊Foto ***n.*** 写真

(4) Dort sehe ich eine Fabrik. Der Schornstein der Fabrik ist schmutzig.
そこに、煙突が汚い工場が見える。

＊Fabrik ***f.*** 工場　Schornstein ***m.*** 煙突　schmutzig 汚い

(5) Der Tunnel ist sehr lang. Unser Bus fährt durch den Tunnel.
私たちのバスが通り抜けるトンネルはとても長い。

2 下線部に適切な関係代名詞を記入し、日本語の内容に合うドイツ語文を完成させてください。

(→ 1 2 3 +)

(1) Hunde, ______ bellen, beißen nicht.
ほえる犬はかまない。 ＊bellen ほえる　beißen かむ

(2) Der Junge, ______ Vater aus Tokio kommt, lernt Japanisch.
東京出身の父親を持つその少年は日本語を勉強している。

(3) Das sind die Leute, mit ______ ich manchmal spreche.
これが、私がときどき一緒に話す人たちです。

(4) ______ nichts hat, kann nichts geben.
何も持っていない人は何も与えることができない。

(5) ______ mein Vater gern hört, höre ich auch oft.
父が好んで聴くものは、私もよく聴く。

3 与えられた語句を適切な形に変え、必要な語句を補って、ドイツ語文を完成させてください。

(→ 1 2) B-43

(1) immer / schlafen　これが、いつも寝ている牛です。 ＊Kuh *f.* 牛
Das ist die Kuh, ______________________________

(2) suchen　君が探している男性はそこに立っているよ。
Da steht der Mann, ______________________________

(3) reparieren / noch / neu　私たちが修理する自転車はまだ新しい。
Das Fahrrad, ______________________________

解答は192~193ページ

第19課

接続法2式

Wenn mein Auto nicht auch kaputt wäre, würde ich gerne zu dir kommen.

もし私の車も故障していなければ、喜んで君のところに行くのだけれど。

これを学ぼう!

- □「接続法2式」は、過去基本形に基づいて作る。
- □ 事実に反する事柄の表現や控えめな発言には接続法2式を使う。

これができる!

- □「もしこうだったらなあ」という仮の話ができるようになる。
- □「差しつかえなければ……」のような控えめな発言ができるようになる。

「仮にあのとき成功していたら、今ごろ貯金が数千億円はある」。それを言うなら「あるだろうなあ」でしょ？　仮の話なのに断定するような言い方するのって、ちょっと変では？　はい、なので動詞の形を変えます。ああ、仮にそんな大金があったら、とっても楽しい。……だろうなあ。

ロードマップ

- 命令文の場合を除き、これまで見てきた動詞の形は「直説法」と言って、事実をありのままに述べるときに使います。一方、事実とは言いづらい事柄を表す「接続法」という形があり、正確には「接続法1式」と「接続法2式」の2種類があります。便宜上、まずは接続法2式の作り方を見ます。→ 1
- 接続法2式を使うと、事実に反する事柄を仮のこととして述べることができます。→ 2
- 「差しつかえなければ…」のように仮定を表すことで間接的に控えめさを演出するときも、仮のことを述べる接続法2式が使われます。→ 3

どんなやり取り?

電話越しの相談

B-44

A Ich hätte eine Bitte.
Mein Auto ist kaputt.
Könntest du vielleicht
zu mir kommen?

B Nein, das geht leider nicht.
Wenn mein Auto nicht auch kaputt wäre, würde ich gerne zu dir kommen.

A：お願いがあるんだけれど。私の車が故障しているんだ。
君が私のところに来てくれるかな?

B：ううん、残念ながらそれはできない。
もし私の車も故障していなければ、
喜んで君のところに行くのだけれど。

語注 (*m.*：男性 *f.*：女性 *n.*：中性 *pl.*：複数)

- ☐ hätte < haben ～を待つ・～がある
- ☐ Bitte *f.* お願い
- ☐ kaputt 故障した
- ☐ könntest < können ～できる
- ☐ wäre < sein ～である
- ☐ würde < werden ～だろう

1 接続法2式の作り方と人称変化

「**接続法2式**」という動詞の形があります。過去形の場合と同じように、接続法2式には、どの主語の場合にも共通する基本形があります。その基本形は、過去基本形に手を加えるようにして作ります。

不定詞	**lernen** 習う	**lesen** 読む	**sein** 〜にいる	**haben** 〜がある	**werden** 〜になる	**können** 〜できる
過去基本形	lernte	las	war	hatte	wurde	konnte
接続法2式基本形	lernte	läse	wäre	hätte	würde	könnte
ich	lernte	läse	wäre	hätte	würde	könnte
du	lerntest	läsest	wär[e]st	hättest	würdest	könntest
er/sie/es	lernte	läse	wäre	hätte	würde	könnte
wir	lernten	läsen	wären	hätten	würden	könnten
ihr	lerntet	läset	wär[e]t	hättet	würdet	könntet
sie/Sie	lernten	läsen	wären	hätten	würden	könnten

Tipps

- 接続法2式の基本形は必ず**-e**で終わります。過去基本形が**-e**で終わっていない場合は語尾**-e**を足します。

  例 gehen（行く） **過去基本形** ging → **接続法2式基本形** ginge

- 不定詞と過去基本形とで母音が異なる場合、過去基本形の母音**a, o, u**は接続法2式の基本形だと**ä**、**ö**、**ü**に変音します。

  例 werden（〜になる） **過去基本形** wurde → **接続法2式基本形** würde

- 不定詞に語尾**-te**を足して過去基本形を作る動詞の場合、接続法2式の基本形は過去基本形と同じです。語尾**-e**の追加も変音もありません。

  例 wohnen（住む） **過去基本形** wohnte → **接続法2式基本形** wohnte

- 過去基本形の場合と同じように、主語によっては人称語尾を足します。

2 非現実話法

B-45

事実に反する事柄を仮のこととして述べる方法を「**非現実話法**」と言います。非現実話法では接続法２式を使います。

◆事実に反する事柄を述べる場合は、従属接続詞**wenn**で始まる副文で条件を表し、主文でその帰結を表すのが基本的な表現のしかたです。動詞１語を接続法２式にする代わりに、助動詞**würde**＋**不定詞**という組み合わせがよく用いられます。

副文（条件）

Wenn mein Auto nicht auch kaputt **wäre**,（接続法２式）

主文（帰結）

würde（接続法２式） ich gerne zu dir **kommen**（不定詞）.

もし私の車も故障していなければ、喜んで君のところに行くのだけれど。

主文（帰結） 副文（条件）

Was **würden** Sie machen, wenn Sie eine Katze **wären**?

もしあなたが猫だったら、あなたは何をしますか？

◆動詞**sein, haben, werden**と話法の助動詞の場合、動詞・助動詞そのものを接続法２式にします。

Wenn ich mehr Sprachen sprechen **könnte, hätte** ich mehr Freunde.

もっとたくさん言語が話せたら、私はもっとたくさん友人がいるだろうに。

Tipps

- 従属接続詞**wenn**を使って条件だけを表すことにより、実現の見込みが少ないことへの願望を間接的に表すことができます。その場合、副詞**doch, nur**をよく使います。

Wenn ich doch nur eine Prinzessin **wäre**!

もし私が王女だったらなあ！

Wenn ich doch nur eine IT-Firma leiten **würde**!

もし私がIT企業を経営していたらなあ！

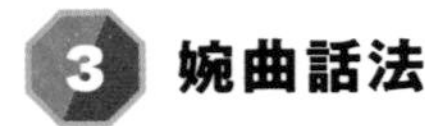

3 婉曲話法

B-46

控えめで丁寧に述べる方法を「**婉曲話法**」と言います。婉曲話法では接続法2式を使います。

Ich **hätte** eine Bitte.
私は（もし差しつかえなければ）お願いがあるんだけれど。

Könntest du vielleicht zu mir kommen?
君が（もし支障がなければ）私のところに来てくれるかな？

婉曲話法を活かした慣用表現はいろいろあります。以下は、その代表的な例です。

◆ **Ich hätte gern** … ～をいただきたいのですが

Ich hätte gern 20 Kilogramm Kartoffeln.
じゃがいもを20キロいただきたいのですが。

◆ **Ich hätte** … ～があるのですが

Ich hätte eine Frage.
質問が1つあるのですが。

◆ **Es wäre nett, wenn** … もし～だと、ありがたいのですが

Es wäre nett, wenn Sie mir heute antworten könnten.
今日お返事をいただけると、ありがたいのですが。

◆ **Könnten Sie …? / Könntest du …?** ～していただけますでしょうか？

Könnten Sie mir helfen?
お手伝いいただけますでしょうか？

Könntest du das noch einmal sagen?
もう1度それを言ってもらえる？

◆ **Dürfte ich …?** ～してもよろしいでしょうか？

Dürfte ich zu Ihnen kommen?
あなたのところに伺ってもよろしいでしょうか？

あの一、お願いがあるのですけれども。差しつかえなければ、この機会に接続法２式をマスターしていただけませんでしょうか。仮に使いこなしていただけるとするならば、その先、控えめで丁寧な物言いがいくらでも可能になることでしょうからですからから……（※婉曲話法の過剰使用は控えめに）。

もうひとがんばり！

B-47

◆「仮にあのとき〜だったら、〜だっただろうに」のように過去の事実に反する仮定を表す場合は、接続法２式の完了形を使います。

副文（条件）

Wenn ich damals mehr Zeit **gehabt** **hätte**,

過去分詞　完了の助動詞・接続法２式

主文（帰結）

hätte ich das Buch **gelesen**.

完了の助動詞・接続法２式　過去分詞

もし私に当時もっと時間があったならば、その本を読んだだろうになあ。

• 完了形の「**sein**支配」と「**haben**支配」の区別は接続法においてもそのまま当てはまります。

Wenn mein Auto nicht auch kaputt **gewesen wäre**, **wäre** ich gerne zu dir **gekommen**.

もし私の車も故障していなかったならば、喜んで君のところに行ったのに。

◆「あたかも〜であるかのように」という非現実のたとえは、**als ob**もしくは**als wenn**という接続表現を使って表します。たとえの内容を表す上では、接続法２式がよく使われます。

Klaus spricht immer so, als ob er alles **wüsste**.

クラウスはいつも、あたかも自分が何でも知っているかのように話す。

Du siehst so aus, als wenn du Fieber **hättest**.

君は、あたかも熱があるかのように見える。

1 カッコ内の動詞を接続法２式にして下線部に記入することにより、日本語の内容に合うドイツ語文を完成させてください。(→1 2 3 +)

(1) Wenn es kein Wasser ________ (geben), ________ (können) wir nicht überleben.
もし水がなければ、私たちは生き残れないだろう。　＊überleben 生き残る

(2) Wenn du in England arbeiten ________ (werden), ________ (müssen) du Englisch lernen.
もし英国で働くならば、君は英語を勉強しなければならないだろう。
＊England *n.* 英国　Englisch *n.* 英語

(3) Wenn der Bus pünktlich gekommen ________ (sein), ________ (haben) wir uns nicht verspätet.
もしバスが時間どおり来ていたら、私たちは遅れなかっただろう。

(4) ________ (dürfen) ich Sie etwas fragen? Wo ________ (können) man Golf spielen?
あなたに少々質問してもよろしいでしょうか？　どこでゴルフができるでしょうか？
＊Golf *n.* ゴルフ

2 例にならい、接続法２式を使って、事実に反する事柄を表現してください。１つ目の文が条件、２つ目の文がその帰結にあたります。(→1 2 +)

例 Mein Bruder arbeitet nicht. Ich arbeite auch nicht.
私の兄（弟）は働かない。私も働かない。

→ Wenn mein Bruder arbeiten würde, würde ich auch arbeiten.
もし兄（弟）が働くなら、私も働くのだが。

(1) Ich habe nicht genug Geld. Ich kaufe das Auto nicht.
私は十分お金がない。私はその車を買わない。

→ ____
もし十分お金があれば、私はその車を買うのだが。　＊Geld *n.* お金

(2) Das Wetter ist nicht schön. Wir können nicht surfen.
天気がよくない。私たちはサーフィンができない。

→ ______________________________

天気がよければ、私たちはサーフィンができるのに。 ＊surfen サーフィンする

(3) Ich habe mein Flugticket verloren. Ich bin nicht nach Bonn geflogen.
私は航空券を紛失した。私はボンに行かなかった。

→ ______________________________

もし航空券を紛失しなかったら、私はボンに行ったのだが。

＊Flugticket ***n.*** 航空券

3 与えられた語句を適切な形に変え、必要な語句を補って、接続法２式から成るドイツ語文を完成させてください。 (→ 1 2 3) B-48

(1) hier / sein / etwas / sagen
もし彼がここにいたら、彼は何か言うだろう。

Wenn ______________________________

(2) reich / sein / doch nur
もし私が裕福だったらなあ！

Wenn ______________________________

(3) haben / gern / Salat
サラダを１ついただきたいのですが。 ＊Salat ***m.*** サラダ

____

解答は193ページ

第20課

接続法１式

Der Politiker behauptet, er sei unschuldig.

その政治家は、自分が無罪だと主張しているね。

これを学ぼう！

- □ 「接続法１式」は、不定詞の語幹に基づいて作る。
- □ 発言の引用や要求・指示を表すのに接続法１式を使う場合がある。

これができる！

- □ 自分の判断を交えず、誰かの言い分をほかの誰かに伝えることができる。
- □ 「こうあってほしい」という指示・祈願を表すことができる。

いよいよゴール目前です！　ある人いわく、この箇所がいちばん楽勝です。え、それを言うなら「楽勝とのことです」だろうって？　本当かもしれないけど、もう少し引用っぽい言い方にしたほうが自然ではないかって？　はい、確かに。実際、引用する場合は動詞の形をよく変える、とのことです。

ロードマップ

事実とは断定できないものの実現の見込みがある事柄を表す「接続法１式」という動詞の形があります。まずは、接続法１式の作り方を見ます。→ 1

↓

話し手の視点から誰かの発言を引用する方法を「間接話法」と言います。私見を交えることなく、事実であるかもしれないし事実でないかもしれないような他者の発言を間接話法で表すときは接続法１式を使います。→ 2

↓

間接話法を使って引用する上で、接続法１式では直説法と形の区別がつかない場合は、接続法２式を代用します。そのほかにも注意事項があります。主な点をまとめておきましょう。→ 3

どんなやり取り?

テレビ報道を見ていて

B-49

A **Der Politiker behauptet, er sei unschuldig.**

B Aber die Firma sagt, sie spende regelmäßig für seine Partei.

A Er sagt, er kenne die Firma nicht.

B Oh. Ich bin schon durcheinander. Gott bewahre uns vor solchen Politikern!

A：その政治家は、自分が無罪だと主張しているね。

B：でも、その会社は彼の政党に定期的に寄付していると言っているよ。

A：彼は、その会社を知らないって言っているんだよ。

B：ああ。もう混乱してきた。神が私たちをそのような政治家たちからお守りくださいますように!

語注　(***m.***：男性　***f.***：女性　***n.***：中性　***pl.***：複数)

- ☐ Politiker ***m*** / ***pl.*** 政治家[男性]
- ☐ behauptet < behaupten 主張する
- ☐ sei < sein ～である
- ☐ unschuldig 無罪の
- ☐ spende < spenden 寄付する
- ☐ regelmäßig 定期的に
- ☐ Partei ***f.*** 政党
- ☐ kenne < kennen 知る
- ☐ durcheinander 混乱した
- ☐ Gott ***m.*** 神
- ☐ bewahre < bewahren 守る

1 接続法1式の作り方と人称変化

「**接続法1式**」という動詞の形があります。過去形や接続法2式の場合と同じように、どの主語の場合にも共通する基本形があります。その基本形は原則的に、不定詞の語幹に語尾**-e**を足して作ります。

不定詞	**lernen** 習う	**lesen** 読む	**sein** ～にいる	**haben** ～がある	**werden** ～になる	**können** ～できる
接続法1式基本形	lern**e**	les**e**	sei	hab**e**	werd**e**	könn**e**
ich	lern**e**	les**e**	sei	hab**e**	werd**e**	könn**e**
du	lern**est**	les**est**	sei[e]**st**	hab**est**	werd**est**	könn**est**
er/sie/es	lern**e**	les**e**	sei	hab**e**	werd**e**	könn**e**
wir	lern**en**	les**en**	sei**en**	hab**en**	werd**en**	könn**en**
ihr	lern**et**	les**et**	sei**et**	hab**et**	werd**et**	könn**et**
sie/Sie	lern**en**	les**en**	sei**en**	hab**en**	werd**en**	könn**en**

Tipps

- 動詞**sein**は例外で、1人称単数と3人称単数では語尾**-e**がありません。
- 接続法1式は、必ず不定詞の語幹に基づきます。不規則変化動詞であっても、直説法の場合のように2人称単数と3人称単数で変音することはありません。

  例 sprechen（話す）→ du sprech**e**st ［直説法：du sprichst］
  sehen（見る）→ du seh**e**st ［直説法：du siehst］
  schlafen（眠る）→ du schlaf**e**st ［直説法：du schläfst］
  wissen（知る）→ du wiss**e**st ［直説法：du weißt］

- 過去基本形や接続法2式の場合と同じように、1人称単数・3人称単数以外では人称語尾（**-[e]st, -t, -n**）を足します。

2 間接話法

B-50

話し手が他者の発言、意見、考えなどを間接的に引用する方法を「**間接話法**」と言います。引用する事柄が事実なのかどうかについて話し手が判断を加えることなく中立的な立場から述べる場合には、原則として接続法１式を使います。

Der Politiker behauptet, er **sei** unschuldig.
その政治家は、自分が無罪だと主張している。

Die Firma sagt, sie **spende** regelmäßig für seine Partei.
その会社は、彼の政党に定期的に寄付していると言っている。

Er sagt, er **kenne** die Firma nicht.
彼は、その会社を知らないと言っている。

Tipps

- 他者が発したことばを直接そのまま伝える方法は「**直接話法**」と言います。文字でつづる場合、引用部は引用符（„“）で囲みます。

Der Politiker behauptet: „Ich bin unschuldig.“
その政治家は、「私は無罪だ」と主張している。

Er sagt: „Ich kenne die Firma nicht.“
彼は、「私はその会社を知らない」と言う。

- 間接話法においては必ず接続法１式を使うわけではありません。引用する事柄が事実であると話し手が思っている場合は、直説法を使います。

Papa sagt, dass er spät nach Hause **kommt**.
お父さんは、帰宅するのが遅くなるって言っている。

Der Wetterbericht sagt, dass es am Abend **regnet**.
天気予報は、今晩、雨が降るって言っているよ。

3 間接話法の注意事項

B-51

直接話法に基づく引用を間接話法に基づく引用に置き換える場合には、いくつか注意事項があります。

◆ 接続法1式が直説法と同じ形になる場合は、接続法2式を代わりに使います。

直接話法 Die Kinder sagen: „Wir können morgen kommen."

間接話法 Die Kinder sagen, sie **könnten** morgen kommen.
└─ 接続法1式だと können

子どもたちは、明日来られると言う。

直接話法 Leo sagt zu mir: „Du hast genug Zeit."

間接話法 Leo sagt zu mir, ich **hätte** genug Zeit.
└─ 接続法1式だと habe

レオは、私には時間が十分あると言う。

◆ 引用部が決定疑問文にあたる場合、間接話法では従属接続詞 **ob** を使います。一方、引用部が補足疑問文にあたる場合、間接話法では疑問詞を先頭に置きます。いずれの場合も動詞は必ず文末に置きます。

- **決定疑問文**

直接話法 Maria fragt ihn: „Kommst du zum Essen?"

間接話法 Maria fragt ihn, **ob** er zum Essen komme.

マリアは彼に、会食に来るのかどうか尋ねる。

- **補足疑問文**

直接話法 Maria fragt ihn: „Wer kommt zum Essen?"

間接話法 Maria fragt ihn, **wer** zum Essen komme.

マリアは彼に、誰が会食に来るのか尋ねる。

◆ 引用部が発言の時点よりも前の事柄にあたる場合、間接話法では完了形を使います。

直接話法 Daniel sagt: „Ich war am Vormittag im Park."

間接話法 Daniel sagt, er **sei** am Vormittag im Park **gewesen**.
(sei: 完了の助動詞・接続法1式 / gewesen: 過去分詞)

ダニエルは、午前中は公園にいたのだと言う。

いやいや、接続法を使ってほかの人の発言を引用するときは、細かい作法がいろいろあって、けっこう気を遣いますね。ここらで休むこととします。疲れがすぐ取れますように！ ……そう、「～することとします」といった指示や「～であるように」といった祈願を表すときも接続法1式が使われます。というわけで、ただちに見ておくこととします。すぐ覚えられますように！

✚もうひとがんばり！

🔈B-52

◆実現の見込みがある事柄を指示したり祈願したりするときの表現方法を「**要求話法**」と言います。要求話法では接続法1式を使います。祈願の意味をはっきりさせるときは、話法の助動詞**mögenの接続法1式**をよく使うほか、動詞・助動詞はよく文頭に置かれます。

🔈 Man **nehme** dreimal täglich eine Tablette.
1日3回1錠を服用すること。

🔈 Die Figur ABC **sei** ein Dreieck.
図形ABCは三角形とする。

🔈 Gott **bewahre** uns vor solchen Politikern!
神が私たちをそのような政治家たちからお守りくださいますように！

🔈 **Mögen** Sie es schnell lernen!
あなたがそれをすぐ覚えられますように！

🔈 Er **möge** noch lange leben!
彼がまだまだ長生きしますように！

◆敬称2人称**Sie**に対する命令文は、実質的には祈願を表す接続法1式の文です。動詞**sein**は接続法1式の**seien**を使います。

🔈 **Seien** Sie vorsichtig!　気をつけてください！
🔈 **Kommen** Sie schnell!　すぐいらしてください！

- **du, ihr**相手の命令文（p.68 1参照）で使われる動詞の形は「直説法」でも「接続法」でもなく、「**命令法**」と言います。

🔈 **Sei** vorsichtig!　気をつけて！［duに対して］
🔈 **Seid** vorsichtig!　気をつけて！［ihrに対して］

1 カッコ内の動詞を接続法1式にして下線部に記入することにより、日本語の内容に合うドイツ語文を完成させてください。 (→ 1 2 3 +)

(1) Oliver behauptet, er ________ (sprechen) Russisch und Dänisch.
オリヴァーは、自分がロシア語とデンマーク語を話す、と主張する。
＊Russisch ***n.*** ロシア語　Dänisch ***n.*** デンマーク語

(2) Hanna sagt, sie ________ (sein) krank und ________ (haben) Fieber.
ハンナは、自分が病気で熱がある、と言う。

(3) Tim sagt, er ________ (sein) Arzt und ________ (wohnen) hier.
ティムは、自分が医師であり、ここで暮らしている、と言う。

(4) Nina sagt, sie ________ (wollen) in der Wüste ein Haus bauen.
ニーナは、自分がその砂漠に家を建てるつもりだ、と言っている。
＊Wüste ***f.*** 砂漠

(5) Der Junge fragt, ob er die Toilette benutzen ________ (dürfen).
その少年は、トイレを使用してよいか、と尋ねる。
＊Toilette ***f.*** トイレ　benutzen 使用する

(6) Meine Eltern sagen, sie ________ (sein) einmal in Wien gewesen.
私の両親は、かつてウィーンにいたことがある、と言っている。

(7) Man ________ (braten) die Kartoffeln.
じゃがいもを炒めること。

2 直接話法を使った引用部分を接続法から成る間接話法に置き換え、文全体を書き換えてください。 (→❶❷❸)

(1) Julia sagt: „Ich sehe nicht fern und lese auch keine Zeitungen."
ユリアは「私はテレビを見ないし、新聞も読まない」と言う。

→ ____________________

(2) Mika und Ken sagen: „Wir müssen Geld sparen."
ミカとケンは「私たちはお金を節約しなければならない」と言う。
＊sparen 節約する

→ ____________________

(3) Peter fragt: „Wann kommen die Gäste?"
ペーターは「ゲストたちはいつ来るの?」と尋ねる。

→ ____________________

(4) Der Professor fragt mich: „Haben Sie Fragen?"
教授は私に「質問はありますか?」と尋ねる。

→ ____________________

3 与えられた語句を適切な形に変え、必要な語句を補って、接続法1式から成るドイツ語文を完成させてください。 (→❶❷❸＋) B-53

(1) behaupten / nichts / wissen ケンは何も知らない、と主張する。
Ken ____________________

(2) man / mischen / Wasser / Mehl 水と小麦粉を混ぜること。
＊mischen 混ぜる Mehl *n.* 小麦粉

____

(3) er / hochleben 彼が幸せに生きられますように!
＊hoch|leben 幸せに生きる

____

解答は193ページ

練習問題に挑戦しよう〈解答〉

第1課

1 (1) wohne (2) lernen (3) Schwimmst (4) weinen (5) tanzt, tanze (6) reise, Reist

2 (1) Ich koche gerade. 私はちょうど今、料理をしています。 (2) Sicher liebt ihr Fußball. きっと君たちはサッカーが大好きだよね。 (3) Wo sitzt du? 君はどこに座っているの？

3 (1) Jetzt arbeite ich. 今、私は働いている。 (2) Spielt Hans allein? ハンスはひとりで遊ぶの？ (3) Wann kommt er? 彼はいつ来るの？

4 (1) Er singt immer. (2) Spielt sie Tennis? (3) Morgen backe ich Kuchen. (4) Wo arbeitest du jetzt?

第2課

1 (1) bin (2) bist (3) hat (4) trägt (5) Weißt (6) werde, Wirst

2 (1) Wohin fährst du? 君はどこに行くの？ (2) Er liest „Faust". 彼は『ファウスト』を読む。 (3) Julia isst gern Pizza. ユリアはピザを食べるのが好きだ。

3 (1) Nein うん、彼は踊らない。 (2) Ja うん、私たちはテニスをするよ。 (3) Doch いいえ、私はケルンをよく知っています。 (4) Nein ううん、私は来ない。

4 (1) Sie sind sehr klug. (2) Sprecht ihr Japanisch? (3) Immer schläfst du hier. (4) Was nimmst du?

第3課

1 (1) die, Sie (2) das, Es (3) Der, er

2 (1) ein, Er (2) ein, Es (3) Die, eine (4) Der, ein

3 (1) Hier liegen Zeitungen. ここに新聞［複数］が置いてある。 (2) Da sind Autos. そこに車［複数］がある。 (3) Die Vögel fliegen hoch. その鳥たちは高く飛んでいる。 (4) Die Ärzte sind reich. その医師たちは裕福だ。

4 (1) Das ist eine Birne. Sie ist schwer. (2) Der Hund schläft. Er ist groß. (3) Wo sind die Kinder?

第4課

1 (1) einen, eine (2) der, einen (3) der, der (4) den, die

2 (1) Eine Frau besucht ein Dorf. ある女性がある村を訪れる。 (2) Ein Kind repariert einen Stuhl. ある子どもがある椅子を修理する。 (3) Sie antwortet ihm.

彼女は彼に返事する。 (4) Er kauft sie. 彼はそれらを買う。

3 (1) dich, mich (2) uns (3) euch (4) Ihnen

4 (1) Das ist das Haus eines Politikers. (2) Was schickst du den Kindern? (3) Wen suchen sie?

第5課

1 (1) Das ist meine Mutter. あれは私の母です。 (2) Paul verliert seinen Hut. パウルは彼の帽子をなくす。 (3) Welches Märchen liest du? 君はどの童話を読むの？ (4) Diese Länder sind reich. これらの国々は裕福だ。

2 (1) deinem, unser［語尾なし］ (2) alle (3) Diese, ihrer (4) Jedes

3 (1) Morgen kommen meine Eltern nicht. 明日、私の両親は来ません。 (2) Herr Meyer ist nicht streng. マイヤーさんは厳格ではない。 (3) Hat Thomas keine Geschwister? トーマスにはきょうだいはいないの?

4 (1) Wer putzt Ihre Wohnung? (2) Ich habe keine Zeit. (3) Wie heißt dieses Kind?

第6課

1 (1) Rufen Sie Peter! (2) Arbeite nicht so viel! (3) Iss Obst! (4) Schlaft gut! (5) Seien Sie nicht nervös!

2 (1) regnet (2) geht (3) wird (4) gibt (5) Ist (6) bleibt

3 (1) Hier gibt es einen Sitzplatz. (2) Jetzt ist es Winter. (3) Spielen wir Fußball!

第7課

1 (1) den［男性4格］ (2) dem［男性3格］ (3) der［女性2格］ (4) den［複数3格］ (5) der［女性3格］ (6) das［中性4格］

2 (1) meinem Haus (2) den Boden (3) die Tür (4) dem Bett (5) die Wand

3 (1) Wonach fragt Laura? ラウラは何を尋ねるの？ (2) An wen denkt Herr Bayer? バイヤー氏は誰のことを考えますか？ (3) Wovor hat Tim Angst? ティムは何が怖いの？

4 (1) Maria kommt aus dem Kino. (2) Ich singe statt der Sängerin. (3) Wir diskutieren ohne den Professor.

第8課

1 (1) Ich brauche einen Computer, aber ich habe kein Geld. (2) Kommen Sie zu uns, wenn Sie Fragen haben. (3) Ich weiß nicht, ob Thomas den Führerschein macht.

2 (1) denn (2) trotzdem (3) deshalb (4) damit (5) Dann (6) weil

3 (1) Ich glaube, dass er in Kyoto arbeitet. (2) Wissen Sie, was die Kinder dort machen? (3) Obwohl der Fisch frisch ist, esse ich ihn nicht.

第9課

1 (1) Darf (2) müsst (3) Kannst

2 (1) Du musst nicht sprechen. (2) Sie sollen gleich antworten. (3) Das mag ein Irrtum sein. (4) Wollen wir ins Restaurant gehen? (5) Dürfen wir nicht fotografieren?

3 (1) Es wird morgen regnen. (2) Wir lassen ihn hier warten. (3) Ich sehe euch [4格] tanzen.

4 (1) Was möchten Sie trinken? (2) Magst du Jazz? (3) Das Kind muss Fieber haben.

第10課

1 (1) findet ... statt (2) fängt ... an (3) siehst ... aus (4) Nehmen ... teil (5) Bring ... mit

2 (1) Sabine will immer fernsehen. ザビーネはいつもテレビを見たがる。 (2) Du musst hier umsteigen. 君はここで乗り換えなければならない。 (3) Ich denke, dass Hans bald die Küche aufräumt. 私は、ハンスはすぐにキッチンを片づけると思う。

3 (1) Ich habe eine Weltreise vor. (2) Was empfehlen Sie ihm? (3) Machen Sie das Fenster zu! (4) Morgen verlasse ich Berlin. (5) Wann kommst du wieder zurück?

第11課

1 (1) dich (2) dir (3) sich [3格] (4) sich [4格] (5) mich

2 (1) jemand (2) man (3) etwas, nichts (4) niemanden

3 (1) sich レオはその猫を世話する。 (2) mich 私はパーティーが楽しみだ。 (3) euch 君たちはそれをよく見なければならない。

4 (1) Ich interessiere mich für den Film. (2) Gehst du zu jemandem? (3) Wir müssen uns beeilen.

第12課

1 (1) geschickt (2) getrunken (3) gedacht (4) genannt (5) operiert

2 (1) Ich habe mein Handy gesucht. 私は自分の携帯電話を探した。 (2) Sicher hat er das Buch gelesen. きっと彼はその本を読んだだろう。 (3) Ist Peter nach Berlin gefahren? ペーターはベルリンに行ったの？ (4) Was hat Thomas gesagt? トーマスは何を言ったの？ (5) Mein Sohn ist heute früh aufgestanden. 私の息子は今日早く起きた。

3 (1) Heute habe ich einen Brief geschrieben. (2) Wo hast du das gefunden? (3) Der Bus ist schon abgefahren. (4) Unsere Chefin ist krank geworden.

第13課

1 (1) wohnte (2) las (3) trug (4) wandte (5) kopierte

2 (1) Die Kinder sagten nichts. その子どもたちは何も言わなかった。 (2) Hattest du Hunger? 君はおなかがすいていたの？ (3) Wohin mussten Sie gehen? あなた（方）はどこに行かなければならなかったのですか？ (4) Wir durften nach Hause gehen. 私たちは帰宅してよかった。 (5) Ihr wart damals noch klein. 君たちは当時まだ小さかった。

3 (1) Warst du heute allein? (2) Gestern hatte ich keine Zeit. (3) Ich wollte eine Banane essen. (4) Sie konnte nicht früh aufstehen.

第14課

1 (1) junge [男性1格], gutes [中性4格] (2) reichen [男性2格] (3) alten [女性3格], japanische [複数4格] (4) langen [男性4格], schwierigen [男性4格] (5) starken [男性2格], kleinen [複数1格], warmen [女性3格]

2 (1) einen alten Freund [男性4格] (2) der netten Frau [女性3格] (3) schönem Wetter [中性3格] (4) seiner kleinen Kinder [複数2格] (5) deutschen Wein [男性4格]

3 (1) Ich kaufe einen gelben Becher. [男性4格] (2) Lesen Sie die dicken Bücher? [複数4格] (3) Das kleine Kind hat blaue Augen. [中性1格・複数4格]

第15課

1 (1) Er wird von Maria geliebt. 彼はマリアに愛されている。 (2) Ich werde immer von der Katze gekratzt. 私はいつもその猫にひっかかれる。 (3) Werden diese Probleme von ihm gelöst? これらの問題は彼によって解かれるの？

2 (1) wird (2) ist (3) Ist (4) werden (5) ist

3 (1) Mein Auto wurde repariert. 私の車は修理された。 (2) Wir wurden oft kritisiert. 私たちはよく批判された。 (3) Bist du von ihm angestellt worden? 君は彼に雇われたの？ (4) Wann ist das verkauft worden? それはいつ売られたの？

4 (1) Da wird ein Haus gebaut. (2) Der Film wurde hier gedreht. (3) Morgen wird gefeiert.

第16課

1 (1) lachend (2) gekochtes [中性1格] (3) hüpfenden [複数4格] (4) geputzte [男性1格] (5) gelandete [中性1格]

2 (1) Klavier zu spielen (2) es gleich abzugeben (3) zu dir zu kommen (4) um Tee zu kochen (5) ohne auf mich zu warten

3 (1) Wir arbeiten schweigend. (2) Es ist wichtig, genug zu schlafen. (3) Wir spielen, ohne zu frühstücken.

第17課

1 (1) Gold ist schwerer als Silber. (2) Im Winter ist es kälter als im Herbst. (3) Du fährst vorsichtiger als ich.

2 (1) Das Problem ist am wichtigsten. その問題がいちばん重要だ。 (2) Dieses Auto fährt am schnellsten. この車がいちばん速く走る。 (3) Im Juni regnet es am stärksten. 6月はいちばん雨が激しく降る。 (4) Mein Vater trinkt am liebsten Wein. 私の父はワインを飲むのがいちばん好きだ。

3 (1) größere (2) länger (3) kürzeste (4) am meisten (5) beste

4 (1) Das Gebäude ist höher als mein Haus. (2) Hans ist das klügste Kind. (3) Meine Katze ist so klein wie der Hund.

第18課

1 (1) Wer ist die Frau, die eine Zeitung liest? (2) Der Politiker, den du gut kennst, fährt morgen nach Berlin. (3) Wie heißt das Mädchen, dem

du dieses Foto zeigen willst? (4) Dort sehe ich eine Fabrik, deren Schornstein schmutzig ist. (5) Der Tunnel, durch den unser Bus fährt, ist sehr lang.

2 (1) die [複数1格] (2) dessen [男性2格] (3) denen [複数3格] (4) Wer (5) Was

3 (1) Das ist die Kuh, die immer schläft. (2) Da steht der Mann, den du suchst. (3) Das Fahrrad, das wir reparieren, ist noch neu.

第19課

1 (1) gäbe, könnten (2) würdest, müsstest (3) wäre, hätten (4) Dürfte, könnte

2 (1) Wenn ich genug Geld hätte, würde ich das Auto kaufen. (2) Wenn das Wetter schön wäre, könnten wir surfen. (3) Wenn ich mein Flugticket nicht verloren hätte, wäre ich nach Bonn geflogen.

3 (1) Wenn er hier wäre, würde er etwas sagen. (2) Wenn ich doch nur reich wäre! (3) Ich hätte gern einen Salat.

第20課

1 (1) spreche (2) sei, habe (3) sei, wohne (4) wolle (5) dürfe (6) seien (7) brate

2 (1) Julia sagt, sie sehe nicht fern und lese auch keine Zeitungen. (2) Mika und Ken sagen, sie müssten Geld sparen. (3) Peter fragt, wann die Gäste kämen. (4) Der Professor fragt mich, ob ich Fragen hätte.

3 (1) Ken behauptet, er wisse nichts. (2) Man mische Wasser und Mehl. (3) Er lebe hoch!

1. 文の骨組み ――移転が激しい動詞の物語

動詞の位置は条件によってころころ変わります。現在完了形の場合だとか受動文の場合だとか、個別に覚える必要はありますが、見方を変えると、おおまかなポイントがつかめてきます。以下では平叙文を例に、どういう条件のとき動詞の位置がどう変わるのか、2点に分けて整理してみましょう。

その1 助動詞が加わると、動詞はいちばん後ろに置かれる。

助動詞というと、話法の助動詞、完了の助動詞、受動の助動詞などいくつかありますが、そのうちのどれかが文に加わると、動詞（本動詞）はいちばん後ろに置かれます。同じ場所を動詞と助動詞の両方で占めることはできず、動詞は助動詞に場所を譲っていちばん隅っこに移る。そんなイメージです。

・**話法の助動詞なし ➡ 話法の助動詞あり**

話法の助動詞なし	Er	**spielt**	Klavier.	
話法の助動詞あり	Er	**kann**	Klavier	**spielen**.
		話法の助動詞		動詞（不定形）

「彼はピアノを弾く。」➡「彼はピアノを弾くことができる。」

・**現在形 ➡ 現在完了形**

現在形	Er	**spielt**	Klavier.	
現在完了形	Er	**hat**	Klavier	**gespielt**.
		完了の助動詞		動詞（過去分詞）

「彼はピアノを弾く。」➡「彼はピアノを弾いた。」

・**能動文 ➡ 受動文**

能動文	Er	**ruft**	mich.	
受動文	Ich	**werde**	von ihm	**gerufen.**
		受動の助動詞		動詞（過去分詞）

「彼は私を呼ぶ。」➡「私は彼に呼ばれる。」

分離動詞の場合も、助動詞があるときは、基礎動詞がいちばん隅っこに移ります。そして、いつもその隅っこにいる前つづりと合流してくっつきます。めでたし、めでたし。

・**話法の助動詞なし ➡ 話法の助動詞あり**

話法の助動詞なし	Er	**räumt**	die Küche	**auf**.
話法の助動詞あり	Er	**muss**	die Küche	**aufräumen**.
		話法の助動詞		動詞（不定形）

「彼はキッチンを片づける。」➡「彼はキッチンを片づけなければならない。」

・**現在形 ➡ 現在完了形**

現在形	Er	**räumt**	die Küche	**auf**.
現在完了形	Er	**hat**	die Küche	**aufgeräumt**.
		完了の助動詞		動詞（過去分詞）

「彼はキッチンを片づける。」➡「彼はキッチンを片づけた。」

・**能動文 ➡ 受動文**

能動文	Er	**lädt**	mich	**ein**.
受動文	Ich	**werde**	von ihm	**eingeladen**.
		受動の助動詞		動詞（過去分詞）

「彼は私を招待する。」➡「私は彼に招待される。」

こうしていくつかのパターンを眺めていると、どうも動詞は、助動詞が現れるたびに脇に引っ込まざるを得ないということが分かりますね。加えて、主語に合わせた形から不定形や過去分詞といった別の形へと変更しなければなりません。逆に、助動詞がないとき、動詞は、空席を埋めなければとばかりに前のほうに出てきます。とりわけ分離動詞の場合、基礎動詞は前つづりとの組み合わせを解消してでも移転しなければなりません。忙しいですな〜。がんばれ、動詞！

その2 副文では、定形の動詞・助動詞がいちばん後ろに置かれる。

主文のとき文頭から2番目を占める動詞は、副文だといちばん後ろに置かれます。注意したいこととして、主文でも副文でも、動詞は主語に合わせた形のままです。

- **主文 ➡ 副文**（助動詞なしの場合）

主文	Das Kind	**kommt**	allein.	
副文	weil das Kind		allein	**kommt**

「その子はひとりで来る。」➡「その子はひとりで来るので」

分離動詞の場合、基礎動詞はやはり移転した先で前つづりと合流してくっつきます。

主文	Das Kind	**steht**	früh	**auf**.
副文	weil das Kind		früh	**aufsteht**

「その子は早く起きる。」➡「その子は早く起きるので」

助動詞つきの文では、助動詞が同じ形のまませっせこ位置を変えます。一方、動詞は同じ位置にじっとしたままです。

- **主文 ➡ 副文**（話法の助動詞ありの場合）

主文	Das Kind	**kann**	allein **kommen**.	
副文	weil das Kind		allein **kommen**	**kann**

「その子はひとりで来られる。」➡「その子はひとりで来られるので」

- **主文 ➡ 副文**（現在完了形の場合）

主文	Das Kind	**ist**	allein **gekommen**.	
副文	weil das Kind		allein **gekommen**	**ist**

「その子はひとりで来た。」➡「その子はひとりで来たので」

- **主文 ➡ 副文**（受動文の場合）

主文	Das Kind	**wird**	oft **gelobt**.	
副文	weil das Kind		oft **gelobt**	**wird**

「その子はよく褒められる。」➡「その子はよく褒められるので」

副文の一種である関係文でもやはり、動詞もしくは助動詞がいちばん後ろに置かれます。

das Kind, ひとりで来る子	das	allein	**kommt**
das Kind, 早く起きる子	das	früh	**aufsteht**
das Kind, ひとりで来られる子	das	allein kommen	**kann**
das Kind, ひとりで来た子	das	allein gekommen	**ist**
das Kind, よく褒められる子	das	oft gelobt	**wird**

とにかく副文のときは、動詞（もしくは助動詞）が、主語に合わせた形のままいちばん隅っこに移らなければならないというわけですね。一方、それ以外の語句は位置を変えていないということもよく分かります。

ついでながら、zu不定詞句でも、動詞はzuと一緒にいちばん後ろに置かれます。それどころか、助動詞がzuとの組み合わせで最後に置かれることもあります。

allein **zu kommen**	ひとりで来る（こと）
früh **aufzustehen**	早く起きる（こと）
allein kommen **zu können**	ひとりで来られる（こと）
allein gekommen **zu sein**	ひとりで来た（こと）
oft gelobt **zu werden**	よく褒められる（こと）

いやはや、条件ごとにあちこち移転する動詞（と助動詞）、本当にお疲れさまです！

2. 基本語順 ──並び立つものたち

語順の話をもう1つ。動詞は条件ごとに位置がころころ変わりますが、それ以外の語句の位置については自由、というわけにはいきません。平叙文を例にとると、定動詞（主語に合わせて形が変化する動詞）の後ろにさまざまな語句を並べる場合は、いくつかの原則や傾向があります。以下では、優先度の高い原則から順に3つ紹介していきます。

その1 人称代名詞は、そのほかの語句よりも優先的に配置される。

(1) Was schenkst **du** deiner Mutter?（第5課）
君は君のお母さんに何をプレゼントするの?

(2) Ich kenne **ihn** gut.（第4課）
私は彼をよく知っている。

(3) Ich schenke **ihr** diesen Wein.（第5課）
私は彼女にこのワインをプレゼントする。

(4) Morgen zeigen **sie es mir**.
明日、彼らはそれを私に見せてくれる。［1格→4格→3格］

(5) Danach rufe **ich dich** gleich an.（第10課）
そのあと、君にすぐ電話するね。［1格→4格］

(6) Manchmal schicke **ich ihm** einen Blumenstrauß.（第4課）
ときどき、私は彼に花束を送っている。［1格→3格］

人称代名詞はほかの語句をさしおいて前のほうに出てきたがります。それが主語であるかどうかは関係ありません。(1) のように主語である場合も (2)、(3) のように主語でない場合も、人称代名詞は動詞の真後ろに置かれます。一方、(4)、(5)、(6) のとおり、人称代名詞が2つ以上ある場合は、［1格→4格→3格］という順序を守りながら動詞のすぐ後ろに勢ぞろいします。人称代名詞は、さながらドレッシングの分離した油みたいに定位置、それも先頭を占めたがるというわけです。

ちなみに、再帰代名詞もやはり（7）のように動詞のすぐ後ろに出てきたがります。

(7) Wir freuen **uns** auf die Party.
私たちはそのパーティーを楽しみにしている。

(8) Neuerdings interessiere **ich mich** für Rockmusik.
最近、私はロックミュージックに興味がある。

人称代名詞であれ再帰代名詞であれ、前のほうに寄せておく必要があるわけですね。その場合も、（8）のように1格の人称代名詞があるならば、再帰代名詞よりも前に置かれます。

次に、人称代名詞以外の語句がいくつかある場合について、基本的な決まりを見ておきましょう。

その2 動詞の意味と深い関わりがある重要な情報は、補足情報よりも後ろに置かれる。

(9) Ich werde **schon** **etwas** schreiben. (第9課)
もう何か書いておくね。［**etwas schreiben** 何かを書く］

(10) Wir gehen **heute** **ins Theater**.
私たちは今日、劇場に行く。［**ins Theater gehen** 劇場に行く］

(11) Ich habe **mit meiner Frau** **Tennis** gespielt. (第12課)
妻とテニスをしたよ。［**Tennis spielen** テニスをする］

文の語句には、重要な情報を表すものとおまけのような情報を表すものがあります。例えば「私は呼ぶ」の場合、重要なのは「誰を？」であって「いつ？」ではありませんね。同じように、「私たちは行く」の場合、まず知りたいのは「どこに？」でしょう。こうした重要度の高い情報は、補足情報よりも後ろに提示される傾向にあります。

ここで補足します。原則その1と原則その2は互いに相いれないことがあります。その場合、原則その2は原則その1にかないません。例えば、重要な情報にあたる表現が人称代名詞である場合は、原則その1が優先されます。

(12) Ich lese oft dieses Buch.
私はしょっちゅうこの本を読む。

(13) Ich lese **es** oft.
私はしょっちゅうそれを読む。

「私は読む」の場合、重要なのは「何を？」であって「どのくらいのペースで？」ではありませんね。なので、人称代名詞が含まれていない**(12)**のような場合、原則その2のとおり**oft**（しょっちゅう）より後ろに**dieses Buch**（この本）が置かれます。一方、読むものにあたる表現が人称代名詞である場合は原則その1のほうが優先され、**(13)**のとおり**es oft**という語順になります。うーむ。人称代名詞、やっぱりドレッシングの油みたいですね。軽い、軽い。

さて、最後は、補足情報が複数ある場合の語順について見ておきましょう。

その3 補足情報を表す語句が複数ある場合は、時間・頻度を表す語句が場所を表す語句や方法・手段を表す語句よりも前に置かれる。

(14) Wir haben **gestern** **im Park** gespielt.
私たちは昨日公園で遊んだ。［時間→場所］

(15) Mein Vater frühstückt **immer** **allein**.
私の父はいつもひとりで朝食をとる。［頻度→方法・手段］

ざっくり言うと、時間に関する情報は、話の大枠を設定する役割を持ち、ほかの情報よりも先に導入されるということです。このことは、昔話の出だしにもよく現れています。「むかしむかし、あるところに…」は自然ですが、その順序をひっくり返した「あるところに、むかしむかし…」はいかにも理解しづらいですね。同じように、「先生が怪我したらしいよ！」と言われたら、最初に確認したいのは「え、いつ？」であって、「え、どこで？」ではないでしょう。やっぱり、まずは時間的な情報から言ってもらわないと。そこは、どうかひとつよろしくお願いします。

というわけで、これまで見てきた3種類の原則をひとまとめにすると、次のような全体像が浮かび上がってきます。

人称代名詞：いちばん前に出てきたがる。

補足情報（副詞など）：人称代名詞よりは後ろ、重要な情報よりは前（時間に関する情報は前のほう）。

重要な情報（名詞・前置詞句など）：いちばん後ろに現れたがる。

次の例では、[代名詞→補足情報を表す語句→重要な情報を表す語句]の順が守られています。確認してみてください。

(16) Hast **du** **am Samstag oder am Sonntag** **Zeit**? （第8課）
君は土曜日か日曜日に時間はある？

(17) Darf **ich** **jetzt** **zu dir** kommen? （第9課）
今から君のところに行ってもいい？

(18) Dann sind **wir** **zu zweit** **an den See** gefahren. （第12課）
それから、私たちは2人で湖に出かけたよ。

どの語句も自分の役割やほかの語句との関係をわきまえた上で、それにふさわしい位置におさまっているのですね。以上、自然な語順に整える上でのコツについてでした。

1. 接尾辞 ―ひっつくと何かが違う

ドイツ語には、「接尾辞」といって、特定の品詞（名詞、形容詞、動詞など）に属する語につけ加わることで、意味的に関連する別の語を作り出すパーツがいろいろあります。以下は、代表的な接尾辞の例です。

-er

動詞や名詞につけ加わることで、その内容に関わりがあるヒト（男性）やモノを表す名詞を作り出します。この接尾辞で終わる名詞は男性名詞です。

lehren 教える ➡ **Lehrer** *m.* 教師［男性］
teilnehmen 参加する ➡ **Teilnehmer** *m.* 参加者［男性］
rechnen 計算する ➡ **Rechner** *m.* 計算機
wecken 目を覚まさせる ➡ **Wecker** *m.* 目覚まし時計
Politik *f.* 政治 ➡ **Politiker** *m.* 政治家［男性］
Musik *f.* 音楽 ➡ **Musiker** *m.* 音楽家［男性］

-in

特定の職業、国籍、宗派などに属する男性を表す名詞につけ加わることで、女性形の名詞を作り出します。この接尾辞で終わる名詞は女性名詞、元の名詞は男性名詞です。

Lehrer *m.* 教師［男性］ ➡ **Lehrerin** *f.* 教師［女性］
Teilnehmer *m.* 参加者［男性］ ➡ **Teilnehmerin** *f.* 参加者［女性］
Politiker *m.* 政治家［男性］ ➡ **Politikerin** *f.* 政治家［女性］
Kaiser *m.* 皇帝 ➡ **Kaiserin** *f.* 皇后
Chef *m.* 上司［男性］ ➡ **Chefin** *f.* 上司［女性］
Student *m.* 男子学生 ➡ **Studentin** *f.* 女子学生
Pilot *m.* パイロット［男性］ ➡ **Pilotin** *f.* パイロット［女性］
Japaner *m.* 日本人［男性］ ➡ **Japanerin** *f.* 日本人［女性］
Buddhist *m.* 仏教徒［男性］ ➡ **Buddhistin** *f.* 仏教徒［女性］

-ung

動詞につけ加わることで、意味的に関連した事物を表す名詞を作り出します。この接尾辞で終わる名詞は女性名詞です。

erziehen 教育する ➡ **Erziehung** *f.* 教育
überweisen 振り込む ➡ **Überweisung** *f.* 振り込み
packen 包む ➡ **Packung** *f.* 包み
kreuzen 交差する ➡ **Kreuzung** *f.* 交差点
wohnen 住む ➡ **Wohnung** *f.* 住居

-heit

形容詞や名詞につけ加わることで、性質や状態を表す名詞を作り出します。この接尾辞で終わる名詞は女性名詞です。

gesund 健康な ➡ **Gesundheit** *f.* 健康
wahr 真実の ➡ **Wahrheit** *f.* 真実
Kind *n.* 子ども ➡ **Kindheit** *f.* 幼年時代
Narr *m.* 愚か者 ➡ **Narrheit** *f.* 愚かさ

※似たものとして、特定の音で終わる形容詞だけにつけ加わり、性質や状態を表す名詞を作り出す-keitがあります。この接尾辞で終わる名詞も女性名詞です。

schwierig 難しい ➡ **Schwierigkeit** *f.* 難しさ
einsam 孤独な ➡ **Einsamkeit** *f.* 孤独
ähnlich 似ている ➡ **Ähnlichkeit** *f.* 似ていること

接尾辞をつけ加えることで表現の幅が広がるのは、便利ですね。あと、できあがった名詞の性をはっきりさせてくれるところも助かります。「終わりが-ungや-heitだったら女性名詞」といったん覚えておきさえすれば、いちいち辞書で性を確認する必要はありません（ヤッター！）。というわけで、語の終わり方は要チェックです。

2. 基数・序数・時間帯・曜日・月・季節 ——数とか月とか曜日とか

今度は、タイトルどおりの話題についてです。「いち、に、さん、……」と数えるときの数のことを「基数」と言います。ドイツ語の基数は以下のとおりです。

B-54

0 null		
1 eins	11 elf	21 einundzwanzig
2 zwei	12 zwölf	22 zweiundzwanzig
3 drei	13 dreizehn	30 dreißig
4 vier	14 vierzehn	35 fünfunddreißig
5 fünf	15 fünfzehn	40 vierzig
6 sechs	16 sechzehn	50 fünfzig
7 sieben	17 siebzehn	60 sechzig
8 acht	18 achtzehn	70 siebzig
9 neun	19 neunzehn	80 achtzig
10 zehn	20 zwanzig	90 neunzig

100 (ein)hundert	1000 (ein)tausend
101 hunderteins	10000 zehntausend
110 hundertzehn	100000 hunderttausend
200 zweihundert	1000000 eine Million

一方、「～番目」のように順序を表すときの数のことを「序数」と言います。ドイツ語の序数は以下のとおりです。19までは、原則として基数に語尾 **-t** を、20以上は **-st** を足して作ります(さらに、原則として -e などの格変化語尾がつきます)。例外は1, 3, 7, 8の場合です。

B-55

1 erst-	7 siebt-	13 dreizehnt-
2 zweit-	8 acht-	20 zwanzigst-
3 dritt-	9 neunt-	21 einundzwanzigst-
4 viert-	10 zehnt-	100 hundertst-
5 fünft-	11 elft-	101 hunderterst-
6 sechst-	12 zwölft-	1000 tausendst-

※付録音源では、語尾 **-e** を足した形で読み上げています。

さて、次は時間帯・曜日・月・季節の呼び名についてです。

・**時間帯** 🔈B-56

Vormittag 午前 **Mittag** 正午 **Nachmittag** 午後
Abend 晩 **Nacht** 夜・夜間

・**曜日** 🔈B-57

Montag 月曜日 **Dienstag** 火曜日 **Mittwoch** 水曜日
Donnerstag 木曜日 **Freitag** 金曜日 **Samstag** 土曜日
Sonntag 日曜日

・**月** 🔈B-58

Januar 1月 **Februar** 2月 **März** 3月
April 4月 **Mai** 5月 **Juni** 6月
Juli 7月 **August** 8月 **September** 9月
Oktober 10月 **November** 11月 **Dezember** 12月

・**季節** 🔈B-59

Frühling 春 **Sommer** 夏
Herbst 秋 **Winter** 冬

ここで、お役立ち情報を2つ。まず1点目。上に挙げたうち**Nacht**は女性名詞で、それ以外は**すべて男性名詞**です。これは助かります。

2点目。時間帯に関して「〜に」と言う場合は、「夜間に」なら**in der Nacht**で、それ以外の時間帯、そして曜日については、すべて**am**を使って「〜に」と言います。「午前中に」は**am Vormittag**で、「土曜日に」は**am Samstag**です。これは楽です（ただし、**Mittag**の場合は**zu Mittag**とも言います）。一方、月・季節に関しては、一貫して**im**を使います。「4月に」なら**im April**ですし、「夏に」は**im Sommer**です。これはお得です。ありがとうございました。

え？ 時間帯・曜日・月・季節という順序で単位が大きくなっているけど、せっかく数の言い方を取り上げておきながら、時刻の表し方に触れていないじゃないかって？ それは、ちょっと込み入った話なので、このあとすぐ次のページで。

3. 時刻の表し方 ―「今、何時?」と聞かれたら

B-60

時刻表現についてご紹介します。時刻の表し方には、公式な言い方と平易な言い方の2通りがあります。

- **公式な言い方**：時刻案内など、正確さが求められる場合に使う（24時間制）
- **平易な言い方**：細かい時間にこだわる必要がない場合に使う（12時間制）

	公式	平易
13:00	dreizehn Uhr	ein Uhr / eins
13:05	dreizehn Uhr fünf	fünf nach eins
13:15	dreizehn Uhr fünfzehn	Viertel nach eins
13:30	dreizehn Uhr dreißig	halb zwei
13:45	dreizehn Uhr fünfundvierzig	Viertel vor zwei
13:50	dreizehn Uhr fünfzig	zehn vor zwei

公式な言い方では、**Uhr**（〜時）を使って次のように表現します。

- **X Uhr Y** 「X 時Y分」の意

  sieben Uhr **zwanzig** 7時20分 7:20

  achtzehn Uhr **dreiundvierzig** 18時43分 18:43

平易な言い方では、次の語句が使われます。

nach	vor	halb	Viertel
あと	まえ	半分	15分

- **Y nach X** 「X 時よりY分あと」の意

  zehn nach **elf** 「11時より10分あと」 11:10 / 23:10

  fünf nach **drei** 「3時より5分あと」 3:05 / 15:05

- **Y** vor **X** （「X時より**Y**分まえ」の意）
  - **zehn** vor **sieben** 「7時より10分まえ」 6:50 / 18:50
  - **fünf** vor **zehn** 「10時より5分まえ」 9:55 / 21:55
- **Viertel** nach **X** （「X時より**15分**あと」の意）
  - **Viertel** nach **acht** 「8時より15分あと」 8:15 / 20:15
- **Viertel** vor **X** （「X時より**15分**まえ」の意）
  - **Viertel** vor **fünf** 「5時より15分まえ」 4:45 / 16:45
- **halb X** （「X時に向かってあと**半分**」の意）
  - **halb sechs** 「6時に向かってあと半分」 5:30 / 17:30

やっかいなのは**halb**ですね。「7」時半は **halb „acht“** であり、**halb „sieben“** は「6」時半ですから。むむむ。注意しましょう。

最後に、時刻の尋ね方、「〜時だ」の言い方は次のとおりです。

Wie viel Uhr ist es? / Wie spät ist es?
何時ですか？

–Es ist siebzehn Uhr dreißig.
— 17時30分です。［公式］

–Es ist halb sechs.
— 5時半です。［平易］

また、「〜時に」と言う場合は、前置詞**um**を使います。

Um wie viel Uhr kommt er?
彼は何時に来るの？

–Er kommt **um** neunzehn Uhr fünf.
— 彼は19時5分に来る。［公式］

–Er kommt **um** fünf nach sieben.
— 彼は7時5分に来る。［平易］

それでは、すぐそばの時計を見てください。**„Es ist ...“** で始めて、現在の時刻を言ってみましょ〜う！

主な不規則動詞の変化一覧

以下は、主な不規則動詞の変化パターンをまとめた一覧です。訳語のあとの（**s**）は、完了の助動詞が**sein**であることを表します。（**s, h**）は、完了の助動詞が**sein**でも**haben**でもあり得ることを表します。（**s**),（**s, h**）の記載がない場合、完了の助動詞は**haben**です。どうぞお役立てください。

不定詞	直説法現在	直説法過去	接続法2式基本形	過去分詞
backen (パンなどを)焼く	du bäckst er bäckt	backte / buk	backte / büke	gebacken
befehlen 命じる	du befiehlst er befiehlt	befahl	beföhle / befähle	befohlen
beginnen 始まる・始める	—	begann	begänne	begonnen
beißen かむ	du beißt er beißt	biss	bisse	gebissen
biegen 曲がる(s)・曲げる	—	bog	böge	gebogen
bieten 提供する	—	bot	böte	geboten
binden 結ぶ	—	band	bände	gebunden
bitten 頼む	—	bat	bäte	gebeten
blasen 吹く	du bläst er bläst	blies	bliese	geblasen
bleiben とどまる(s)	—	blieb	bliebe	geblieben
braten (肉などを)焼く	du brätst er brät	briet	briete	gebraten
brechen 破れる(s)・破る	du brichst er bricht	brach	bräche	gebrochen
brennen 燃える・燃やす	—	brannte	brennte	gebrannt
bringen 持って行く	—	brachte	brächte	gebracht

不定詞	直説法現在	直説法過去	接続法2式基本形	過去分詞
denken 考える	—	dachte	dächte	gedacht
dringen 突進する(s)	—	drang	dränge	gedrungen
dürfen 〜してよい	ich darf du darfst er darf	durfte	dürfte	dürfen / gedurft
empfehlen 勧める	du empfiehlst er empfiehlt	empfahl	empföhle / empfähle	empfohlen
erschrecken 驚く(s)	du erschrickst er erschrickt	erschrak	erschräke	erschrocken
essen 食べる	du isst er isst	aß	äße	gegessen
fahren (乗り物で)行く(s)	du fährst er fährt	fuhr	führe	gefahren
fallen 落ちる(s)	du fällst er fällt	fiel	fiele	gefallen
fangen 捕まえる	du fängst er fängt	fing	finge	gefangen
finden 見つける	—	fand	fände	gefunden
fliegen 飛ぶ(s)	—	flog	flöge	geflogen
fliehen 逃げる(s)	—	floh	flöhe	geflohen
fließen 流れる(s)	du fließt er fließt	floss	flösse	geflossen
frieren 凍える・凍る(s)	—	fror	fröre	gefroren
gären 発酵する(s, h)	—	gor gärte	gäre	gegoren / gegärt
gebären 産む	—	gebar	gebäre	geboren
geben 与える	du gibst er gibt	gab	gäbe	gegeben
gehen 行く(s)	—	ging	ginge	gegangen

主な不規則動詞の変化一覧

不定詞	直説法現在	直説法過去	接続法2式基本形	過去分詞
gelingen 成功する(s)	—	gelang	gelänge	gelungen
gelten 通用する	du giltst er gilt	galt	gälte / gölte	gegolten
genießen 楽しむ	du genießt er genießt	genoss	genösse	genossen
geschehen ～が起こる(s)	es geschieht	geschah	geschähe	geschehen
gewinnen 得る・獲得する	—	gewann	gewönne / gewänne	gewonnen
gießen 注ぐ	du gießt er gießt	goss	gösse	gegossen
gleichen ～に等しい	—	glich	gliche	geglichen
greifen つかむ	—	griff	griffe	gegriffen
haben ～を持つ・～がある	du hast er hat	hatte	hätte	gehabt
halten 保つ	du hältst er hält	hielt	hielte	gehalten
hängen 掛かっている(他動詞は規則変化)	—	hing	hinge	gehangen
heben 持ち上げる	—	hob	höbe	gehoben
heißen ～という名前である	—	hieß	hieße	geheißen
helfen 助ける	du hilfst er hilft	half	hülfe / hälfe	geholfen
kennen 知っている	—	kannte	kennte	gekannt
klingen 鳴る	—	klang	klänge	geklungen
kommen 来る(s)	—	kam	käme	gekommen

不定詞	直説法現在	直説法過去	接続法2式基本形	過去分詞
können ～できる	ich kann du kannst er kann	konnte	könnte	können / gekonnt
kriechen 這う(s)	—	kroch	kröche	gekrochen
laden 積む	du lädst er lädt	lud	lüde	geladen
lassen 置いておく・～させる	du lässt er lässt	ließ	ließe	gelassen / lassen
laufen 走る(s)	du läufst er läuft	lief	liefe	gelaufen
leiden 苦しむ	—	litt	litte	gelitten
leihen 貸す・借りる	—	lieh	liehe	geliehen
lesen 読む	du liest er liest	las	läse	gelesen
liegen 横たわっている	—	lag	läge	gelegen
lügen 嘘をつく	—	log	löge	gelogen
meiden 避ける	—	mied	miede	gemieden
messen 測る	du misst er misst	maß	mäße	gemessen
misslingen 失敗する(s)	—	misslang	misslänge	misslungen
mögen 好む・～だろう	ich mag du magst er mag	mochte	möchte	mögen / gemocht
müssen ～しなければならない	ich muss du musst er muss	musste	müsste	müssen / gemusst
nehmen 取る・選ぶ	du nimmst er nimmt	nahm	nähme	genommen
nennen 名づける	—	nannte	nennte	genannt

主な不規則動詞の変化一覧

不定詞	直説法現在	直説法過去	接続法2式基本形	過去分詞
preisen 称賛する	du preist er preist	pries	priese	gepriesen
raten 助言する	du rätst er rät	riet	riete	geraten
reißen 裂ける(s)・裂く	du reißt er reißt	riss	risse	gerissen
reiten 馬に乗る(s, h)	—	ritt	ritte	geritten
rennen 走る(s)	—	rannte	rennte	gerannt
riechen 匂う	—	roch	röche	gerochen
rufen 呼ぶ	—	rief	riefe	gerufen
schaffen 創造する(「やりとげる」の場合は規則変化)	—	schuf	schüfe	geschaffen
scheiden 分ける	—	schied	schiede	geschieden
scheinen 輝く・～に見える	—	schien	schiene	geschienen
schelten 叱る	du schiltst er schilt	schalt	schölte	gescholten
schieben 押す	—	schob	schöbe	geschoben
schießen 撃つ	du schießt er schießt	schoss	schösse	geschossen
schlafen 眠る	du schläfst er schläft	schlief	schliefe	geschlafen
schlagen 打つ	du schlägst er schlägt	schlug	schlüge	geschlagen
schleichen 忍び足で歩く(s)	—	schlich	schliche	geschlichen
schließen 閉じる	du schließt er schließt	schloss	schlösse	geschlossen

不定詞	直説法現在	直説法過去	接続法2式基本形	過去分詞
schmeißen 放り投げる	du schmeißt er schmeißt	schmiss	schmisse	geschmissen
schmelzen 溶ける(**s**)・溶かす	du schmilzt er schmilzt	schmolz	schmölze	geschmolzen
schneiden 切る	—	schnitt	schnitte	geschnitten
schreiben 書く	—	schrieb	schriebe	geschrieben
schreien 叫ぶ	—	schrie	schriee	geschrie(e)n
schweigen 黙る	—	schwieg	schwiege	geschwiegen
schwimmen 泳ぐ(**s, h**)	—	schwamm	schwömme / schwämme	geschwommen
schwinden 消える(**s**)	—	schwand	schwände	geschwunden
schwören 誓う	—	schwor	schwüre	geschworen
sehen 見る	du siehst er sieht	sah	sähe	gesehen
sein ～である(**s**)	ich bin　wir sind du bist　ihr seid er ist　sie sind	war	wäre (接続法1式**sei**)	gewesen
senden 送る(「放送する」の場合は規則変化)	—	sandte	sendete	gesandt
singen 歌う	—	sang	sänge	gesungen
sinken 沈む(**s**)	—	sank	sänke	gesunken
sitzen 座っている	—	saß	säße	gesessen
sollen ～するよう言われている	ich soll du sollst er soll	sollte	sollte	sollen / gesollt
sprechen 話す	du sprichst er spricht	sprach	spräche	gesprochen

主な不規則動詞の変化一覧

不定詞	直説法現在	直説法過去	接続法2式基本形	過去分詞
springen 跳ぶ(s, h)	—	sprang	spränge	gesprungen
stechen 刺す	du stichst er sticht	stach	stäche	gestochen
stehen 立っている	—	stand	stünde / stände	gestanden
stehlen 盗む	du stiehlst er stiehlt	stahl	stähle	gestohlen
steigen 登る・上がる(s)	—	stieg	stiege	gestiegen
sterben 死ぬ(s)	du stirbst er stirbt	starb	stürbe	gestorben
stinken 臭う	—	stank	stänke	gestunken
stoßen ぶつかる(s)・突く	du stößt er stößt	stieß	stieße	gestoßen
streichen なでる	—	strich	striche	gestrichen
streiten 争う	—	stritt	stritte	gestritten
tragen 運ぶ・身につける	du trägst er trägt	trug	trüge	getragen
treffen 会う・当たる	du triffst er trifft	traf	träfe	getroffen
treiben 駆り立てる	—	trieb	triebe	getrieben
treten 歩む(s)・踏む	du trittst er tritt	trat	träte	getreten
trinken 飲む	—	trank	tränke	getrunken
tun する・行う	—	tat	täte	getan
verderben 腐る(s)・だめにする	du verdirbst er verdirbt	verdarb	verdürbe	verdorben

不定詞	直説法現在	直説法過去	接続法2式基本形	過去分詞
vergessen 忘れる	du vergisst er vergisst	vergaß	vergäße	vergessen
verlieren 失う	—	verlor	verlöre	verloren
verzeihen 許す	—	verzieh	verziehe	verziehen
wachsen 成長する(s)	du wächst er wächst	wuchs	wüchse	gewachsen
waschen 洗う	du wäschst er wäscht	wusch	wüsche	gewaschen
weichen よける(s)	—	wich	wiche	gewichen
weisen 指し示す	—	wies	wiese	gewiesen
wenden 向ける	—	wandte	wendete	gewandt
werben 募る・宣伝する	du wirbst er wirbt	warb	würbe	geworben
werden 〜になる(s)	du wirst er wird	wurde	würde	geworden / worden
werfen 投げる	du wirfst er wirft	warf	würfe	geworfen
wiegen 重さを量る	—	wog	wöge	gewogen
winden 巻く	—	wand	wände	gewunden
wissen 知っている	ich weiß du weißt er weiß	wusste	wüsste	gewusst
wollen 〜したい	ich will du willst er will	wollte	wollte	wollen / gewollt
ziehen 移る(s)・引く	—	zog	zöge	gezogen
zwingen 強制する	—	zwang	zwänge	gezwungen

ドイツ語基本単語一覧

第1課から第20課までに出てくる語彙をアルファベット順に並べた一覧です。名詞・動詞・形容詞・副詞・前置詞・接続詞・疑問詞のうち基本的なものを優先的に500語ほど選んであります。単語を覚える際の目安としてご利用ください。

※***m.***：男性　***f.***：女性　***n.***：中性　***pl.***：複数　名詞に関しては、- のあとの文字は複数形の語尾を表します。また、¨- は変音を表します。

A

aber しかし
Abgabetermin, -e ***m.*** 提出期限
abgeben 提出する
allein ひとりで
als 〜よりも・〜したとき
alt 古い
an 〜に接して
anfangen 始まる・始める
ankommen 到着する・着く
antworten 答える
arbeiten 働く
Arzt, ¨-e ***m.*** 医師
auch 〜も
auf 〜の上に
aufräumen 片づける
aufstehen 起きる・立ち上がる
Auge, -n ***n.*** 目
aus 〜の中から
aussehen 〜のように見える
Auto, -s ***n.*** 自動車
Autor, -en ***m.*** 著者［男性］

B

backen （パン・ケーキなどを）焼く
Bad, ¨-er ***n.*** 浴室
Bahnhof, ¨-e ***m.*** 駅
bald まもなく・じきに
Balkon, -e ***m.*** バルコニー
bauen 建てる
Baum, ¨-e ***m.*** 木
Becher, - ***m.*** コップ
behaupten 主張する
bei 〜のところに・〜の際に
bekommen もらう・手に入れる
benutzen 使う
bestellen 注文する
besuchen 訪ねる・訪問する
Bett, -en ***n.*** ベッド
Bier ***n.*** ビール
billig 安い
Bitte, -n ***f.*** 頼み・願い
bitten 頼む・乞う
blau 青い
bleiben 〜のままである・とどまる
Blume, -n ***f.*** 花
Blumenstrauß, ¨-e ***m.*** 花束
Bluse, -n ***f.*** ブラウス
Boden, ¨- ***m.*** 床
Bonbon, -s ***m./n.*** あめ
braten 焼く・炒める
brauchen 必要とする
breit 幅の広い
Brief, -e ***m.*** 手紙
Brille, -n ***f.*** 眼鏡
bringen 持って行く・持って来る
Brücke, -n ***f.*** 橋
Bruder, ¨- ***m.*** 兄・弟
Buch, ¨-er ***n.*** 本
Büro, -s ***n.*** オフィス・事務所
Bus, -se ***m.*** バス

C

Chef, -s ***m.*** 上司［男性］
Computer, - ***m.*** コンピューター

D

da そこ
daher それゆえ
damals 当時
damit 〜するように
danach そのあとで
danken 感謝する
dann それから・それなら
dass 〜ということ
denken 思う・考える
denn というのも〜なのだ
deshalb だから
deutsch ドイツ人の・ドイツ（風）の
Deutsch ***n.*** ドイツ語

Deutschland *n.* ドイツ
dick 厚い
diskutieren 議論する
Dokument, -e *n.* 資料
Dorf, ¨er *n.* 村
dort そこ・あそこ
draußen 外で
dunkel 暗い
durch ～を通って
Durst *m.* のどの渇き

E

Ei, -er *n.* 卵
einfach 簡単な・とにかく
Eingang, ¨e *m.* 入り口
einladen 招待する
einmal かつて・一度
Eltern *pl.* 両親
empfehlen 勧める
England *n.* イギリス
Englisch *n.* 英語
entschuldigen 許す
erreichen 間に合う・達する
essen 食べる
Essen *n.* 食事
extra 追加して・余分に

F

Fabrik, -en *f.* 工場
fahren （乗り物で）行く
Fahrrad, ¨er *n.* 自転車
falsch 間違った
Familie, -n *f.* 家族
fast ほとんど
faul 怠け者の
feiern 祝う
Fenster, - *n* 窓
fernsehen テレビを見る
Fernseher, - *m.* テレビ
fertig 用意のできた・できあがった
Fieber *n* 熱
Film, -e *m.* 映画
finden 見つける
Firma, Firmen *f.* 会社
Fisch, -e *m.* 魚
Flasche, -n *f.* 瓶
fleißig 熱心な・勤勉な
fliegen 飛ぶ
Flugzeug, -e *n.* 飛行機
folgen ついて行く・従う
folglich したがって
Foto, -s *n.* 写真
fotografieren 写真を撮る
Frage, -n *f.* 質問
fragen 尋ねる・質問する
Frau, -en *f* .女性・婦人・妻・～さん（女性の敬称）
Freund, -e *m.* 友だち[男性]
Freundin, -nen *f.* 友だち[女性]
frisch 新鮮な
früh 早い
frühstücken 朝食をとる
für ～のために・～用に
Fußball *m.* サッカー

G

Gast, ¨e *m.* 客
Gebäude, - *n.* 建物
geben 与える
gegen ～に向かって・～に反対の
gehen 行く・歩く
gelb 黄色の
Geld *n.* お金
Gemüse, - *n.* 野菜
genug 十分に
gerade ちょうど今
Gericht, -e *n.* 料理
gern 好んで・喜んで
gestern 昨日
gesund 健康な
gewinnen 獲得する・勝つ
Glas, ¨er *n.* グラス・ガラス
glauben 思う・信じる
gleich すぐに・同じ
Gold *n.* 金
Gott, ¨er *m.* 神
groß 大きい
grün 緑色の
grüßen あいさつする
gut よい

H

haben ～を持つ・～がある
halb 半分の・2分の1
Halle, -n *f.* ホール
Halsschmerzen *pl.* のどの痛み
halten 保つ
Hand, ¨e *f.* 手
Handschuh, -e *m.* 手袋
Handy, -s *n.* 携帯電話
hängen 掛ける・掛かっている
Haus, ¨er *n.* 家

Hausaufgabe, -n *f* 宿題
Heft, -e *n.* ノート
heiß 暑い・熱い
heißen ～という名前である
helfen 手伝う
hell 明るい
Hemd, -en *n.* シャツ
Herbst, -e *m.* 秋
Herr, -en *m.* 紳士・～さん（男性の敬称）
herzlich 心からの
heute 今日
hier ここ
hinter ～の後ろに
hoch 高い
hören 聞こえる・聞く
Hose, -n *f.* ズボン
Hotel, -s *n.* ホテル
Hund, -e *m.* 犬
Hunger *m.* 空腹
Hut, ¨-e *m.* 帽子

I

immer いつも
in ～の中に
indem ～することによって
interessant おもしろい・興味深い

J

jetzt 今
jung 若い
Junge, -n *m.* 少年

K

Kaffee *m.* コーヒー
kalt 寒い・冷たい
Kamera, -s *f.* カメラ
kaputt 壊れた・故障した
Kartoffel, -n *f.* じゃがいも
Kasse, -n *f.* レジ
Katze, -n *f.* 猫
kaufen 買う
Kaufhaus, ¨-er *n.* デパート
kennen 知っている
Kind, -er *n.* 子ども
Kino, -s *n.* 映画館
Kirche, -n *f.* 教会
Klasse, -n *f.* クラス
Klavier, -e *n.* ピアノ
klein 小さい
klug 賢い
kochen 料理する
Koffer, - *m.* スーツケース
Kollege, -n *m.* 同僚［男性］
kommen 来る・行く
König, -e *m.* 王・国王
konkret 具体的な
Konzert, -e *n.* コンサート
Kopf, ¨-e *m.* 頭
kosten （値段が）～である
krank 病気の
kritisieren 批判する
Küche, -n *f* キッチン
Kuchen, - *m.* ケーキ
Kurs, -e *m.* 講座・コース
kurz 短い・短時間の

L

lachen 笑う
Laden, ¨ *m.* 店
Land, ¨-er *n.* 国
landen 着陸する
lang 長い
lange 長い間
lassen 置いておく・～させる
laufen 走る
laut （声・音が）大きい・うるさい
leben 生きる
Lehrer, - *m.* 教師［男性］
leicht 軽い
leider 残念ながら
leise 静かな・声が小さい
leiten 率いる・経営する
lernen 学ぶ・習う・覚える
lesen 読む
Leute *pl.* 人々
lieben 愛する・好きである
Lied, -er *n.* 歌
liegen 横になっている・（横にして）置いてある
lösen 解決する
Lösung, -en *f.* 解決策・解答
Luft, ¨-e *f.* 空気
Lust, ¨-e *f.* ～する気・意欲

M

machen する・作る
Mädchen, - *n.* 女の子
manchmal ときどき
Mann, ¨-er *m.* 男・夫
Märchen, - *n.* 童話

Markt, ¨-e *m.* 市場
meinen ～のことを言っている
Mensch, -en *m* 人間
Messer, - *n.* ナイフ
Milch *f.* 牛乳
mit ～と一緒に･～を用いて
mitbringen 持って来る･連れて行く
Monat, -e *m.* 月
morgen 明日
müde 疲れた･眠い
Musik *f.* 音楽
Mutter, ¨ *f.* 母

N

nach ～へ･～のあとで
Nacht, ¨-e *f.* 夜
nah(e) 近い
neben ～の横に
nehmen 取る･選ぶ
nett 親切な･優しい
neu 新しい
neulich 先日･この間
noch まだ
nur ～だけ

O

ob ～かどうか
Obst *n* 果物
obwohl ～にもかかわらず
oder あるいは
öffnen 開ける
oft しばしば
ohne ～なしで
Onkel, - *m.* おじ
Oper, -n *f* オペラ

P

Park, -s *m.* 公園
Pause, -n *f.* 休憩
Pferd, -e *n.* 馬
Pilot, -en *m.* パイロット[男性]
Plan, ¨-e *m.* 計画
Politiker, - *m.* 政治家[男性]
Post *f.* 郵便局
Preis, -e *m.* 賞
Problem, -e *n.* 問題
Professor, - *m.* 教授[男性]
Programm, -e *n.* プログラム･番組
Projekt, -e *n.* プロジェクト
pünktlich 時間どおりの
putzen きれいにする･磨く

R

rauchen (たばこなどを)吸う
Raum, ¨-e *m.* 部屋･場所･空間
rechts 右側に
reden 話す･しゃべる
Regen *m.* 雨
Regenschirm, -e *m.* 傘
regnen 雨が降る
reich 裕福な･豊かな
reinigen 清掃する
Reis *m.* 米･ライス
reisen 旅行する
reparieren 修理する
Restaurant, -s *n.* レストラン
richtig 正しい
riechen 匂いがする
Rock, ¨-e *m.* スカート
Roman, -e *m.* 小説
rot 赤い
rufen 呼ぶ
ruhig 静かな

S

Saal, Säle *m* ホール･広間
Sache, -n *f.* 物･事
Sack, ¨-e *m.* 袋
Saft, ¨-e *m.* ジュース･果汁
sagen 言う
Salat, -e *m.* サラダ
Sand *m.* 砂
Sandale, -n *f.* サンダル
Sänger, - *m.* 歌手[男性]
schauen 見る･眺める
schenken プレゼントする･贈る
schicken 送る
schlafen 眠る
Schlange, -n *f.* 蛇
Schloss, ¨-er *n.* 城
schmecken 味がする
schmutzig 汚い
Schnee *m.* 雪
schneien 雪が降る
schnell 速い
schon すでに･もう
schön 美しい･きれいな
schreiben 書く
Schuh, -e *m.* 靴
Schule, -n *f.* 学校
Schülerin, -nen *f.* 生徒[女性]
schwer 重い

Schwester, -n *f.* 姉・妹
schwierig 難しい
schwimmen 泳ぐ
See, -n *m.* 湖
sehen 見える・見る
sehr とても
sein ～である
sich^4 ändern 変わる
sich^4 beeilen 急ぐ
sich^4 erinnern 覚えている
sich^4 freuen 喜ぶ・楽しみにしている
sich^4 interessieren ～に興味がある
sich^4 kümmern 世話をする
sich^4 setzen 座る
sich^4 verspäten 遅れる
sicher 確かな・きっと
singen 歌う
sitzen 座っている
Sohn, -̈e *m.* 息子
Sommer, - *m.* 夏
sonst さもなければ
sparen 節約する
spät 遅い
später あとで
spielen 遊ぶ・(球技を)する・演奏する
Sprache, -n *f.* 言語
sprechen 話す
Stadt, -̈e *f.* 街
stark 強い・激しい
statt ～の代わりに
stattfinden 開催する
stehen 立っている
stehlen 盗む
stellen 立てる・(立てて)置く
sterben 死ぬ
Straße, -n *f.* 通り・道路
streng 厳しい・厳格な
Student, -en *m.* 学生[男性]
studieren 大学で学ぶ・研究する
Stuhl, -̈e *m.* 椅子
suchen 探す

T

Tag, -e *m.* 日
täglich 毎日の・日ごとの
tanzen 踊る
Tänzer, - *m.* ダンサー[男性]
Taxi, -s *n.* タクシー
Tee *m.* お茶
teilnehmen 参加する
Tennis *n.* テニス
Test, -s *m.* テスト・試験
teuer (値段が)高い
Theater, - *n.* 劇場
Ticket, -s *n.* チケット
tief 深い
Tier, -e *n.* 動物
Tisch, -e *m.* 机
Tochter, -̈ *f.* 娘
Toilette, -n *f.* トイレ
Tomate, -n *f.* トマト
Topf, -̈e *m.* 鍋
Torte, -n *f.* ケーキ・タルト
Tourist, -en *m.* 観光客[男性]
traditionell 伝統的な
trinken 飲む
trotz ～にもかかわらず
trotzdem それにもかかわらず
Tunnel, - *m.* トンネル
Tür, -en *f.* ドア
Turm, -̈e *m.* 塔・タワー

U

über ～の上方に
Uhr, -en *f.* 時計・～時
um ～のまわりに・～時に
umsteigen 乗り換える
unbedingt 絶対に
und そして
unter ～の下に
Unterricht *m.* 授業
unterstützen 支援する

V

Vater, -̈ *m.* 父
veranstalten 開催する
verantwortlich 責任のある
verkaufen 売る
verlassen 去る
verlieren なくす・失う
versprechen 約束する
verstehen 理解する
versuchen 試す
viel たくさん
vielleicht ひょっとして・もしかすると
Vogel, -̈ *m.* 鳥
von ～から・～の
vor ～の前に
vorsichtig 慎重な
vorstellen 紹介する

W

während ～の間
Wand, ⸚e *f.* 壁
wann いつ
warm 暖かい・温かい
warten 待つ
warum なぜ・どうして
was 何が・何を
waschen 洗う
Wasser *n.* 水
wechseln 取り替える・交換する
Weg, -e *m.* 道
wegen ～のせいで
weil ～なので
Wein *m.* ワイン
weinen 泣く
wenn ～するとき・もし～ならば
wer 誰が
werden ～になる
Wetter, - *n.* 天気
wichtig 重要な
wie どう・何
wieder 再び・また
Winter, - *m.* 冬
wirklich 本当に
wissen 知っている
wo どこで
Wochenende, -n *n.* 週末
woher どこから
wohin どこへ
wohnen 住んでいる
Wohnung, -en *f.* 住まい・住居
Wörterbuch, ⸚er *n.* 辞書

Z

Zahn, ⸚e *m.* 歯
zeigen 見せる・示す
Zeit, -en *f.* 時間
Zeitung, -en *f.* 新聞
Zoo, -s *m.* 動物園
zu ～へ
zufrieden 満足した
Zug, ⸚e *m.* 列車
zumachen 閉める
zurückkommen 戻って来る
zwischen ～の間に

あいさつ表現

B-61

Hallo! こんにちは。
Guten Morgen! おはようございます。
Guten Tag! こんにちは。
Grüß Gott! こんにちは。（南ドイツ・オーストリア）
Guten Abend! こんばんは。
Gute Nacht! おやすみなさい。
Auf Wiedersehen. さようなら。
Tschüs. じゃあね。
Danke! ありがとう。
Bitte! どういたしまして。
Danke schön! どうもありがとう。
Bitte schön! どういたしまして。
Vielen Dank! 本当にありがとう。
Entschuldigung! ごめんなさい。
Entschuldigen Sie! すみません。

Wie geht es Ihnen? お元気ですか?
Danke, mir geht es gut. Und Ihnen? はい、元気です。あなたは?
Wie geht's dir? 元気?
Danke, gut. Und dir? ありがとう、元気だよ。君は?

索引

ま行

や行

わ行

数字

D

E

H

I

J

K

M

N

O

S

U

W

Z

著者
高橋 亮介 たかはし・りょうすけ

東京生まれ。上智大学、東京大学、ドイツのテュービンゲン大学で学ぶ。現在、上智大学外国語学部ドイツ語学科教授。博士（学術）［東京大学］。専門は言語学（語彙意味論）。主にドイツ語を対象として、ことばの意味や使い方に関する素朴な疑問を研究テーマにしている。ロック音楽、とりわけヘビーメタルが好きで、しょっちゅうCDを買い足すものの、置き場や聴く時間をなかなか確保できないのが悩みの種。

ブックデザイン　hotz design inc.
イラスト　永江艶の
DTP　明昌堂
ドイツ語校閲　Cezar Constantinescu
校正　榊 直子、円水社
編集協力　川嶋由香里

音声吹込み　Elvira Bachmaier, Cezar Constantinescu
録音　NHK出版 宇田川スタジオ、山田智子

NHK出版　音声DL BOOK
これからはじめる ドイツ語入門

2021年9月20日　第1刷発行
2023年9月25日　第3刷発行

著　者　高橋 亮介

発行者　松本 浩司
発行所　NHK出版
〒150-0042 東京都渋谷区宇田川町10-3
電話　0570-009-321（問い合わせ）
0570-000-321（注文）
ホームページ　https://www.nhk-book.co.jp
印刷・製本　光邦

ISBN 978-4-14-035169-7 C0084
Printed in Japan